Sigismund Vogler

„Ich bin ein Widder und ein Sonntagskind"

„Ich bin ein Widder und ein Sonntagskind"

Memoiren des Immobilienkaufmanns und Produktentwicklers Sigismund Vogler

Bernardus-Verlag Aachen 2007

Impressum:

© **2007**

 by Bernardus-Verlag
Alle Rechte vorbehalten
Titelgestaltung:
Druck- & Verlagshaus
MAINZ GmbH

BERNARDUS-VERLAG

Büro: Abtei Mariawald
552396 Heimbach / Eifel
Tel.: 0 24 46 / 95 06 15
Fax: 0 24 46 / 95 06 15

Zentrale: Verlag MAINZ
Süsterfeldstraße 83
52072 Aachen

Internet: http://www.verlag-mainz.de
e-mail: bernardus@verlag-mainz.de

Druck
Druck- & Verlagshaus MAINZ GmbH
Süsterfeldstraße 83
D -52072 Aachen

ISBN 10   3-8107-9259-4
ISBN 13   978 3 8107 9259 4

Inhaltsverzeichnis

1. Vorwort

Leben und Erleben eines Immobilienunternehmers gleichen einer Achterbahnfahrt. Man beginnt die Fahrt und steigt, wenn man eine gute Idee hat, schnell auf den höchsten Punkt. Dies ist ein sehr positives, Mut machendes Erlebnis, das zugleich Erwartungen großer Art weckt. Nach dem Höhepunkt kommt die erste Schussfahrt – ebenfalls ein intensives Erfolgserlebnis. Denn das rasante Tempo lässt sich noch als Erfolg buchen. Dann aber folgen rasch die ersten Turbulenzen und mit ihnen die ersten Probleme: Man überschlägt sich während der Fahrt durch die Loopings mehrfach und ist ein bisschen benommen und überrascht. Anschließend wird die Fahrt ruhiger. Es geht wieder aufwärts, aber nicht mehr so hoch, wie vorher. Es gibt wiederum Schussfahrten. Auch sie fallen kleiner aus. Schließlich erreicht man den Punkt, an dem man gestartet ist. Und wenn man resümiert, ist man – allerdings um zahlreiche Erfahrungen reicher – wieder am Anfang angekommen.

Auch mich haben Erfolgserlebnisse motiviert und zu riskanten Investitionen oder Schritten gereizt. Ihr Ergebnis war selten vorausberechenbar. Doch in meinem Leben endeten sie in einem finanziellen Desaster, das ich nicht durch eigene Initiative, Arbeit und Zielsetzungen beeinflussen konnte, sondern das letztlich sowohl vom Fehlverhalten und Betrügereien einzelner Mitarbeiter und Geschäftspartner als auch von politischen Entwicklungen und Veränderung des Marktes gefördert wurde. So entfielen mit der Wiedervereinigung entscheidende steuerliche Fördermöglichkeiten im Westen; später kam eine lang andauernde „Immobilientrockenheit" hinzu, die auch andere große Immobilienunternehmen in die Insolvenz getrieben hat. Schwankungen wie diese fallen im Immobilienbereich weitaus größer aus als in jeder anderen Branche. Denn sie reichen von exorbitanten Erfolgserlebnissen bis hinunter in die absolute Tiefe: zum Stillstand des gesamten Immobilienmarktes, zu so genannten Nullrunden, die mehrere Jahre andauern können, den eigenen Einflussbereich verlassen und viel Durchhaltevermögen erfordern.

Ich schreibe diese Memoiren, um zukünftige Immobilienkaufleute auf die Gefahren aufmerksam zu machen, die ihnen während ihrer Berufsausübung begegnen können. Zwar sind weltweit viele Menschen durch Immobilien zu großem Reichtum gekommen, doch bewegen sich wohl in keiner Berufsgruppe so viele schlechte Berater, so viele Betrüger wie hier. Um auf sie nicht hereinzufallen, bedarf es vieler Erfahrungen und sorgfältiger Kontrolle. Wichtig für den Erfolg ist natürlich auch, richtig zu kalkulieren und Entscheidungen sorgfältig vorzubereiten. Haben Vertragsverhandlungen den Punkt erreicht, an dem Geschäftspartner auf einen Abschluss drängen, hilft ein Zwischenstopp, alles noch einmal zu überprüfen, Vor- und Nachteile des Geschäfts gegeneinander abzuwägen. Übersieht man etwas, drohen Verluste und – im schlimmsten Fall – die Insolvenz. Meine Lebens- und Unternehmensgeschichte berichtet von guten und großen Partnern, aber auch von Betrügern und Fehlentscheidungen. So betrachte ich heute die Auswahl meiner Geschäftsführer und meine Entscheidung, mich nicht an der Gesellschaft zu beteiligen und damit die Entscheidungsgewalt abzugeben, als großen Fehler. Leider habe ich damals aus der Überzeugung gehandelt, den besten Erfolg dadurch erzielen zu können, meinen Mitarbeitern die volle Verantwortung zu überlassen und sie damit zu mehr Erfolg zu motivieren. Heute, nach meiner geschäftlichen und privaten Insolvenz, sehe ich das anders. Aus meiner langjährigen Erfahrung empfehle ich nun, bei einer starken Partnerschaft keinesfalls die Führung aus der Hand zu geben oder an Dritte zu übertragen. Heute würde ich alles selbst erledigen und die Arbeit meiner Mitarbeiter genauer beaufsichtigen.

Memoiren sind Erinnerungen an erlebte Ereignisse. Memoiren sind eigentlich *kein* Lebenslauf. Deshalb beschreibe ich meine Erlebnisse in Abschnitten, die nicht immer chronologisch geordnet sind. Mein Rückblick gilt so Erinnerungen aus guten und schlechten Zeiten; einige lassen sich aus der heutigen Sicht aus den Entwicklungen seit meiner frühsten Kindheit ableiten. Viele betrachte ich als Fügung, die ich der Schutzpatronin unserer Familie, der Mutter Gottes, zuschreibe. Das heißt auch, dass ich Gottes Hilfe immer wieder gespürt habe.

Keineswegs waren die Ereignisse meines Lebens vorhersehbar oder zu beeinflussen. Meistens ergaben sie sich ganz von selbst oder es gab Erkenntnisse in entscheidenden Momenten, in denen Gefahr im Verzuge war oder Grundsatzentscheidungen getroffen werden mussten. Dabei war und ist mein Leben durch den Grundsatz geprägt, niemals aufzugeben. Es gibt immer einen Ausweg; ein „Geht nicht" akzeptiere ich nicht. In der Schilderung meines Lebens wird man dies immer wieder erkennen, und manchmal wird abseits aller geschäftlichen Probleme deutlich, dass die Mutter Gottes oder Gott selbst ihre Hand im Spiel hatten. Sie zeigten sich in vielen Dingen, die vielen anderen verwehrt waren, ich aber erleben durfte. So betrachte ich die Tatsache, dass ich wenige Tage nach der Rückkehr aus der englischen Kriegsgefangenschaft während eines Besuchs auf dem Bauernhof meiner Schwester Karin und meines Schwagers Adam meine Frau kennenlernte, als großes Glück und Fügung. Katharina war damals 15 Jahre alt und kam aus dem Obergeschoss eine Treppe herunter, an deren Fuß wir warteten. Als ich ihre schwarzes Haar und ihre blauen Augen sah, wusste ich sofort, dass ich sie eines Tages heiraten würde. Das ist nun 57 Jahre her.

Katharina hat mir im Laufe unserer Ehe fünf Kinder geschenkt, die alle gesund waren und sind. Bis heute funktioniert unser Familienleben hervorragend und ist von Zuneigung, Liebe und Rücksichtnahme aufeinander geprägt. Für uns als Eltern war und ist es dabei besonders schön zu erleben, wie unsere Kinder ihr Familienleben froh, erfolgreich und vor allem gemeinsam gestalten. Bis heute kommen alle, obwohl nun selber in die Jahre gekommen, zu den Weihnachts- und Osterfeierlichkeiten nach Hause. Dieser Zusammenhalt macht meine Frau und mich sehr glücklich.

Schon kurz nach unserer Hochzeit am 19. April 1952 habe ich viel, mit zunehmendem Alter unserer Kinder noch mehr gearbeitet. So war ich 33 Jahre lang sieben Tage die Woche keinen Tag weniger als zehn bis 14 Stunden beruflich beschäftigt. Dass sich ein Vater so wenig an der Erziehung beteiligen kann, gefährdet und zerstört viele Familien. Meiner Frau habe ich zu verdanken, dass mich trotz meiner häufigen Abwesenheit keines der Kinder entbehrt hat. Denn sie hat es immer verstanden, den Zusammenhalt zwischen meinen Kindern und mir und ihre Liebe und Zuneigung zu mir zu festigen, zu fördern und zu erhalten. Für mich bedeutet dies ein großes Glück und ein Gottesgeschenk.

Als ich jüngst meine Kinder gefragt habe, ob sie mich in ihrer Jugend vermisst oder ob sie sich vernachlässigt gefühlt hätten, berichteten sie nur von positiven Erinnerungen: von unsere gemeinsamen Ferien, unseren Wochenenden mit dem Wohnwagen und den Stunden, in denen sie auf meinem Schoß gesessen und ich ihnen vorgelesen habe. Natürlich habe ich mich darüber sehr gefreut.

Meiner Frau und meinen Kindern schulde ich unendliche Dankbarkeit. Schon ihre Existenz allein würde genügen, um zu sagen: Ich bin ein Widder und ein Sonntagskind, dem viel Gutes widerfährt.

Sigismund Vogler

2. Eltern und Geschwister

Geboren wurde ich am 27. März des Jahres 1927, wie der Kalender ausweist, an einem Sonntagmorgen und, wie ich mich „genau erinnere", morgens um sechs Uhr bei Glockengeläute. Das betonten meine Eltern gerne, wenn sie auf diesen Moment zurückblickten. Denn Kinder wurden zu dieser Zeit nicht im Krankenhaus, sondern zu Hause geboren. Da Babys unmittelbar nach der Geburt relativ zerknautscht aussehen, fühlte sich mein Vater aus seinem musikalischen Wissen an Beethoven und auch an dessen Todestag erinnert, der seiner Erinnerung nach auf den 27. März, in Wahrheit aber auf den 26. März fiel. Aus seinen und Mutters Erzählungen weiß ich, dass er bei meiner Geburt spontan gesagt hat: „Das ist der kleine Beethoven. Damit sieht man seine Zukunft!" Diese frühe Einschätzung meines Vaters hat sich in den Folgejahren sehr stark auf meine Erziehung im Elternhaus ausgewirkt.

Mein Leben beeinflusst hat auch, dass ich ein Sonntagskind und ein Widder bin. So habe ich sicher von dem besonderen Schutz profitiert, der Sonntagskindern von den Seiten Gottes und Mariens zuteil wird. Daneben treffen auch die astrologischen Deutungen und Charaktereigenschaften, die Astrologen den Widdern zuschreiben, auf mich zu fast hundert Prozent zu – und das bis zu meinem heutigen Lebenstag. Diese Eigenschaften haben mir in meinem Leben viel geholfen, bisweilen allerdings auch geschadet, weil ich oft zu temperamentvoll und manchmal auch zu aggressiv war. So hat schon in meiner Kindheit vieles die Angriffslust des Widders in mir ausgelöst, getreu dem Spruch: „Beim geringsten Widerstand senkt der Widder das Haupt und attackiert sofort". Auch führe ich meinen immer wieder durchgesetzten Führungsanspruch gegenüber meinen Geschwistern und in der Hitlerjugend auf mein Sternzeichen zurück.

Wie schon angedeutet, waren meine Eltern sehr musikalisch. Oft habe ich meine Mutter zur Laute singen gehört, was für mich ein ganz besonderer Genuss war, denn sie hatte eine hervorragende Stimme. Wahrscheinlich dachte das auch unser weißer Spitz Pfiffi, der sie mit Begeisterung heulend begleitete. Zwar spielte mein Vater auch Klavier, doch richtete sich sein hervorstechendes Interesse darauf, meine musikalische Entwicklung zu fördern und mich zum Nachfolger eben jenen Komponisten zu machen, den er bei meiner Geburt in meinem Gesicht gespiegelt gesehen hatte. So konnte ich schon mit drei oder vier Jahren Noten lesen und wurde von meinem Vater am Klavier unterrichtet. Leider mangelte es mir, was das Üben betraf, oft an Fleiß und so endeten die Klavierstunden gelegentlich schmerzlich: Bisweilen lag ich durch die Hiebe meines Vaters mehr unter dem Klavier, als ich daran saß, um zu üben und das Erlernte zu präsentieren.

Erst nach vielen Jahren hat mein Vater den Versuch aufgegeben, aus mir einen Musiker oder Komponisten zu formen. Was er mir bis dahin vermittelt hatte, ist mir jedoch bis heute geblieben – wenn ich die Angelegenheit heute auch mehr von der humor-

vollen Seite betrachte. Damals jedenfalls galten
Schläge als normales Erziehungsmittel. So hat mich
mein Vater auch jenseits der Klavierstunden das ein
oder andere Mal gezüchtigt, manchmal sogar stell-
vertretend für meine jüngeren Brüder. Gerade mein
jüngster Bruder Hermann, der fast als Notgeburt
das Licht der Welt erblickt hatte, war, bis er erwach-
sen war, sehr dünn, untergewichtig und pflegebe-
dürftig. Mein anderer Bruder, der Friedrich hieß,
war sehr sensibel und wurde später Priester, was
sich schon in seiner Kindheit abzeichnete. Dass er
oft krank war, brachte ihm oft Schonung.

Die Autorität, die Strenge und Zielstrebigkeit, die
ich in meinem Leben als Unternehmer auf andere
ausgestrahlt habe, führe ich heute auf den Einfluss
meines Vaters zurück. Auch, dass ich niemals auf-
gebe und immer daran interessiert bin, ein bisschen
mit erziehen zu wollen, habe ich von meinem Vater.
Dieser stammte aus Mönchengladbach und hatte
zwei Brüder und drei Schwestern. Seinen Vater,
meinen Großvater, habe ich leider nicht kennengelernt; er war Buchdrucker und hatte ein eigenes kleines Unternehmen. Die drei Schwestern meines Vaters hießen Rike, Magdalene und Margret; allesamt
sind sie in Mönchengladbach geblieben, wo sie auch
geheiratet haben. Sie standen meinem Vater sehr
nahe, und wir haben sie als Kinder oft besucht. Rike
führte einen so genannten Tante-Emma-Laden, der
mit unglaublich vielen Artikeln vollgestopft war,
sodass in ihm eine furchtbare Unordnung herrschte. Tante Magdalene wohnte dagegen am Windberg;
ihr Mann war Polizist. Der Bruder meines Vaters,
Maximilian, war schließlich wie mein Vater Lehrer,

und es war immer ein besonderes Ereignis, wenn
wir ihn zu besonderen Festen in Siegburg besuchten, wo er wohnte.

Mein Lieblingsonkel war jedoch Onkel Johann,
denn er war Süßwarengroßhändler und belieferte
mit einem eigenen Auto die kleinen Läden in den
Dörfern. Es waren aber nicht nur die Süßigkeiten,
die ihn bei uns beliebt machten, sondern auch die
Chance, ihn in den Ferien zu besuchen, von ihm
und seiner Frau Margret verwöhnt zu werden und
mit ihm gemeinsam Auto zu fahren.

Wir waren nicht reich, weil Lehrer weder vor noch
nach dem Krieg viel verdienten, sodass für Besonderheiten oder Luxusgüter kein Geld übrig blieb.
Jedoch war mein Vater wegen seines Berufs in unserem und dem Nachbardorf sehr angesehen. Da er
auch Schulleiter war, gehörte er gemeinsam mit dem
Pastor und dem Arzt zu den Persönlichkeiten, die
weit mehr Einfluss hatten als der Bürgermeister.
Ganz sicher sah mein Vater dieses Ansehen als Ausgleich dafür, dass er viele Jahre lang unter seinem
Wert entlohnt wurde und sich vieles nicht leisten
konnte. Trotz der beschränkten Finanzen hat mein
Vater dafür gesorgt, dass meine Geschwister und
ich eine gute Ausbildung erhielten, was unseren
Familienetat sehr belastete.

Zwei Erlebnisse haben mein Verhältnis zu meinem
Vater geprägt. Das erste habe ich gemeinsam mit
meinem Freund erlebt, der Sohn eines Landwirts war
und neben uns wohnte. Wie auch immer hatten wir
uns zusammen für einen Groschen die kleinste Packung Zigaretten gekauft, nämlich drei Eckstein im
Döschen. Auch die nötigen Streichhölzer hatten wir

uns besorgt, bevor wir von Neugier getrieben auf Strohstapeln auf dem Hof seines Vaters heimlich die ersten Rauchversuche machten. Unser größter Fehler war, dass wir uns für Streichhölzer entschieden hatten. Denn es reichte uns nicht, gegen alle Verbote einmal zu probieren, wie es war zu rauchen. Vielmehr versuchten wir auch, Stroh anzuzünden. Schnell geriet uns die Lage außer Kontrolle, und es entwickelte sich ein Feuer, das den großen Vorrat an Stroh bedrohte, das dort in Ballen gestapelt war. Der Vater meines Freundes hatte dies aus der Entfernung gesehen und kam über die Äcker gerannt. Ehe er uns jedoch erreichte, hatten wir bereits das Weite gesucht, um seinem ersten Zorn zu entgehen. Denn er war jetzt voll damit beschäftigt, das Feuer einzudämmen, um nicht seinen ganzen Strohvorrat zu verlieren, was ihm zum Glück gelang. Ob er seinen Sohn für unsere Tat gezüchtigt hat, weiß ich nicht. Auf jeden Fall jedoch berichtete er meinem Vater, was wir getan hatten. Der fühlte sich nun als Schulrektor, Lehrer der Oberklasse und Vorbild der Gemeinde verpflichtet, anhand seines Sohnes ein Exempel zu statuieren und eine Art Erziehungsvorführung zu veranstalten. Also bestellte er mich in die Oberklasse und stellte klar, dass hier etwas geschehen war, was sehr leicht zu noch größeren Schäden hätte führen können und daher Strafe verdient hatte. Vor den Augen seiner ganzen Klasse züchtigte er mich dann, wie es damals üblich war, indem er mir mit dem Rohrstock in aller Gründlichkeit den Hintern versohlte. Leider habe ich nie herausgefunden, was er während dieser öffentlichen Züchtigung gedacht hat. Denn ich hatte mich darauf eingestellt und neben einigen Unterhosen auch

noch einen handgestrickten dicken Schlüpfer meiner Mutter angezogen, sodass seine Schläge nicht
durchdringen konnten. Trotzdem habe ich nach Lei-
beskräften geschrien. Es war ein prägendes Erlebnis
zu sehen, dass mein Vater keine andere Wahl hatte,
als mich so zu bestrafen. Denn wenn sein Sohn eine
solche Missetat begangen hatte, war es für ihn notwendig, vor seinen Schülern demonstrativ vorzufüh-
ren, was so etwas für Folgen hatte.

Ein anderes Mal hatte ein Priester mein Vertrau-
en missbraucht und sich verpflichtet gefühlt, meinem Vater zu berichten, was er mir entlockt hatte.
Der sah darin natürlich eine strafbare Handlung und
hat mich zur Verantwortung gezogen, kaum dass der
Priester aus dem Haus war. Als er versuchte, mich
zu bestrafen, bin ich ihm ausgerissen und erst aus
dem Haus, dann auch aus dem Dorf gelaufen. Für
mich überraschend war, dass er mich mit dem Fahrrad verfolgte, bis er mich einholte und nach Hause
bringen konnte. Zum ersten Mal habe ich damals
gespürt, dass mein Vater mich liebte. Denn als ich
mit ihm das Haus erreichte, nahm er mich in den
Arm und drückte mich an sich, was ein wunderba-
res Gefühl war.

Auf der anderen Seite vergaß mein Vater nie, was
ihm Übles angetan worden war. So hatte er die Zeit
seiner Kriegsgefangenschaft in lebhafter Erinnerung,
konnte aber nur selten über freudige Ereignisse sprechen. Auch sein Verhältnis zu unserer Mutter ließ
uns Kinder nie eine Zuneigung erkennen. Erst bei
ihrem frühen Tod hat er seine Liebe zu ihr deutlich
gezeigt, was uns allen gut getan und meinen Vater
in eine bessere Erinnerung gerückt hat.

Ganz anders war meine Mutter. Sie war von Herzen gut, konnte sich aber gelegentlich unheimlich aufregen. Wenn ihr Zorn jedoch nach kurzer Zeit wieder verebbt war, war sie wieder so liebreizend wie zuvor. Ihre Güte und ihr Frohsinn, aber mehr noch ihre Liebe zu uns Kindern, machte es ihr unmöglich, in heranwachsendem Alter mit uns fertig zu werden. Sie brauchte dann immer die Hilfe und Strenge meines Vaters, den sie als Respektperson herbeirief, wenn sie Schwierigkeiten mit uns hatte.

Meine Mutter stammte aus Bochum, wo ihr Vater als Ingenieur arbeitete. Ihm verdanke ich meinen zweiten Vornamen: Christian. Sie hatte nur einen Bruder, meinen Onkel Heinrich, der mein Patenonkel wurde. Bis zum heiratsfähigen Alter verbrachte meine Mutter jedoch viel Zeit in einem Mädchenpensionat in Thüringen, wo sie auf einer Wanderung meinen Vater kennenlernte. Die Bilder aus dieser Zeit zeigen meine Mutter als eine sehr schöne junge Frau mit lockigem schwarzem Haar. Ihre hohe Emotionalität ist auch Teil meines Charakters; auch ich werde bisweilen sehr wütend, kann aber auf der anderen Seite alles Schlechte schnell vergessen und mich auf die frohen Stunden des Lebens konzentrieren.

Mit insgesamt vier Kindern – neben mir hatten meine Eltern eine Tochter und zwei Söhne – waren wir eine Großfamilie. Lange hat meine große Schwester Karin versucht, uns Brüder zu beherrschen. Schließlich konnten wir uns jedoch gegen sie durchsetzten und es gelang uns bisweilen, sie in den so genannten Schwitzkasten zu nehmen. Trotz dieser Kinderstreitigkeiten besteht und bestand zwischen uns jedoch ein gutes Verhältnis.

Allesamt haben wir versucht, uns dem strengen Einfluss unseres Vaters so früh wie möglich zu entziehen. So begab sich Karin als Lazaretthelferin in Wehrmachtsdienste und heiratete nach dem Krieg einen Landwirt aus der Nachbarschaft, mit dem sie den Betrieb führte und die gemeinsamen Kinder Matthias, Gerti und Katrin aufzog. Ihr Mann Adam zählte mit seinem Hof zu den drei größten Bauern in Noithausen.

Ähnlich handelte mein Bruder Hermann, der früh nach Australien auswanderte, wo er eine kaufmännische Ausbildung absolvierte. Als er nach zwei Jahren wieder nach Hause kam, heiratete er gegen den Willen meines Vaters seine Frau, die er schon aus seiner Jugend kannte. Beide sind kurz darauf nach Amerika gegangen, dann aus Heimweh nach zwei Jahren zurückgekehrt, bevor sie noch einmal mit Sack und Pack ausgewandert sind. Schließlich blieben sie in Amerika und nahmen die amerikanische Staatsbürgerschaft an, der auch ihre drei Kinder angehören.

Anders als meine anderen Geschwister konnte sich Friedrich, zu dem ich immer eine sehr enge Beziehung hatte, nicht vom Einfluss meines Vaters lösen. Schon früh hatte er sich berufen gefühlt, Priester zu werden. Anders als er eigentlich wollte und es seinem Charakter entsprochen hätte, trat Friedrich jedoch nicht in einen Orden ein, sondern ließ sich von unserem Vater in eine Tätigkeit als Gemeindepriester hineindrängen. Als dieser selbst in Rente gegangen war, hat er Friedrich mit meiner Mutter begleitet und zeitweise auch die Haushälterin ersetzt. Die Prüfungen, die Priestern auferlegt werden, haben meinen Bruder sehr viel gekostet. So hat er sich schon in seinen ersten Jahren als Priester eine Hepatitis C zugezogen, mit der er dreißig Jahre lebte. Durch seinen Leberinfekt war Friedrich immer wieder erkältet und krank. Denn er schwitzte stark und musste sich bis zu sechs Mal am Tag und in der Nacht umziehen. Trotzdem hat er nie aufgegeben und immer seinen Dienst erfüllt. Erst nach dem Tod meines Vaters hat er seine Aufgaben als Gemeindepriester aufgegeben und sich als Krankenhausseelsorger in Düsseldorf engagiert. Dies entsprach mehr seinem Charakter und füllte ihn aus.

Gemeinsam haben Friedrich und ich gelegentlich unseren Bruder Hermann in Los Angeles besucht. Dies tat Friedrich gut, da in der Zeit seiner Besuche seine Erkältungen durch das kalifornische Klima völlig verschwanden. Zwar hat er sich daher beim Erzbistum Köln als Auslandspriester für Los Angeles beworben, doch war die Stelle leider vergeben. Stattdessen hat er eine Pfarrei in Sydney übernommen, wo er fünf Jahre verbrachte. Bedauerlicherweise waren die dortigen Klimaverhältnisse entgegen unserer Einschätzungen anders als in Kalifornien, sodass seine Krankheit angesichts der Temperaturschwankungen von Sommer und Winter und seiner Kälteempfindlichkeit wieder ausgebrochen ist.

Als Friedrich aus Sydney zurückkehrte, habe ich ihn am Flughafen erst nicht erkannt, so alt und krank sah er aus. Nach Ablauf seines Vertrags hatte er noch Hermann in Los Angeles besucht und war dann wieder als Krankenhausseelsorger nach Deutschland gekommen. Dort ist er nach einem guten Jahr, viel zu früh, gestorben.

3. Nationalsozialismus, Kriegsjahre und Gefangenschaft

Ich war knapp sechs Jahre alt, als Hitler die Macht im Deutschen Reich übernahm und durch seine politischen Aktivitäten auch mein Leben und das meiner Familie beeinflusste. Genau erinnere mich an die besondere Stimmung, die das ganze Dorf an diesem 30. Januar erfasst hatte Jeder war angespannt, jeder freute sich schließlich darüber, dass Hitler nun an die Macht gekommen war. Dabei schließe ich auch meine Eltern nicht aus, obwohl sie später erkannten, welche Gefahren mit Hitler verbunden waren. Zu diesem Zeitpunkt aber war es ein außerordentliches Erlebnis, die Begeisterung der Menschen zu spüren, die sich an und in unserer Schule sowie auf dem Schulhof versammelt hatten. Hitlers Machtübernahme schien wie die lang erwartete Erlösung, wie die Verbesserung und Hoffnung, auf die alle gewartet hatten.

In unserem Alter spürten wir weniger die Macht, die Hitler nun ausübte, als die Freude, die mit den Einrichtungen, Gemeinschaften und Aktivitäten verbunden war. Der Einfluss der Nationalsozialisten hat sich jedoch auch auf den Einfluss unserer Eltern auf uns ausgewirkt. Denn sehr bald war spürbar, dass wir als junge Menschen gefordert und nach und nach der Familie durch Pflichten und Aufgaben, durch gemeinsame Erlebnisse in Zeltlager und Ferien entzogen wurden.

Sicher kann man die Anfänge der nationalsozialistischen Herrschaft aus heutiger Sicht nicht so harmlos bewerten. Heute wissen wir, dass das System des Nationalsozialismus ganz gezielt auf Unterdrückung, Führung, Ausrichtung und Maßregelung der Kinder hingearbeitet und sie in allen Lebensbereichen konsequent durchgeführt hat. Damals jedoch hörte man keine Kritik. Ob sie im Privaten geäußert wurde, erfuhr man schon allein daher nicht, weil dieses System alles durchdrungen hatte und es gefährlich war, seine Meinung öffentlich zu äußern. Selbst meine Eltern haben sich nie über Politik oder Hitlers Taten geäußert - weder positiv noch negativ.

Besonderen Spaß hatten wir Kinder an den Uniformen, die wir als Mitglieder des Jungvolks und der Hitlerjugend bekamen. Wir wurden geschult und trafen uns an den Wochenenden unter der Leitung der Führung. Sehr bald durften wir auch kleinere Führungsaufgaben übernehmen; so war meine Aufgabe als Fähnleinführer, die Jugendlichen in den Nachbardörfern zu betreuen. Dabei muss jedoch irgendetwas geschehen sein, was mich bei den Führungsleuten derart in Misskredit brachte, dass ich nach Neuss zitiert wurde, wo ich auf höherer Ebene verhört werden sollte. Mein Vater hat wohl gespürt, welche Gefahr mit diesem Verhör verbunden war, und war daher mit dem Fahrrad nach Neuss gefahren. Dort hat er sich nicht abweisen lassen, bis er zu dem Besprechungsraum durchgedrungen war, in dem ich vernommen wurde. Durch seine Persönlichkeit gelang es ihm, mich aus dieser unangenehmen und undurchschaubaren Situation zu befreien.

Die großen Erfolge, die die Wehrmacht ab 1939 in den so genannten Blitzkriegen erzielte, elektrisierten die Bevölkerung und beeindruckten sie. Auch unsere Familie berührten die Kriegshandlungen. Denn beim Aufmarsch für den Westkrieg wurden in unserem Haus am linken Niederrhein Soldaten einquartiert, die für einige Zeit mit uns wohnten und lebten. Für uns Kinder war dies ein ganz besonderes Erlebnis. Die Soldaten wurden verwöhnt, persönlich von den Familien aufgenommen und integriert, wodurch in Dörfern und Städten auch manche dauerhaften Verbindungen entstanden.

Als ich zehn Jahre alt war, wechselte ich von der Volksschule auf die Oberrealschule in Neuss. Nachdem deren Gebäude in einem nächtlichen Bombardement total zerstört worden war, ging ich aufs Gymnasium. Spätestens 1942 hatte sich die Lage nämlich geändert: Nun wurden auch unsere Dörfer im Umkreis von Köln und Düsseldorf nachts bombardiert. In immer weniger Nächten konnten wir durchschlafen, immer häufiger mussten wir in den Keller oder den Bunker fliehen. Wir hatten Glück, da unser Haus eine doppelte Unterkellerung hatte und daher besonders sicher war. Gemeinsam mit Nachbarn gruben wir aus dem untersten Keller einen Gang zum Brunnen, der auf dem Schulhof war. Diesen Fluchtweg nutzten wir gemeinsam mit unseren Nachbarn, die wie wir tags wie nachts in unseren Keller flüchteten. Auch auf unser Dorf gab es wiederholt Angriffe mit Brandbomben oder anderen schweren Bomben. Die meisten Bomben verfehlten uns zwar, dennoch musste die Feuerwehr ausbrechende Brände bekämpfen. Ihr trat ich schon mit 14 Jahren bei.

Mein Schulweg zur Oberrealschule bzw. zum Gymnasium von Hammerden nach Neuss war ungefähr zwölf Kilometer lang und wurde von einem Schulbus gefahren. Da ich nicht viel Taschengeld bekam, ließ mein Vater jedoch zu, dass ich mit dem Fahrrad fuhr, und erlaubte mir, das Fahrkartengeld zu behalten. Dabei habe ich mich einmal mehr oder weniger unbewusst in große Gefahr gebracht: Gemeinsam mit einem Freund war ich zur Haltestelle in Neuss gegangen. Er stieg in einen kleinen Bus, der zu unser aller Freude immer sehr schnell fuhr. Ich aber stieg nicht ein, sondern hängte mich mit meinem Fahrrad an den Bus, der mehr als 80 Kilometer pro Stunde gefahren sein muss. Jedenfalls konnte ich nicht mehr loslassen und fuhr so bis Vierwinden, wo mein Freund wohnte, auf meinem Fahrrad mit. Erst im Nachhinein ist mir bewusst geworden, dass ich dem Schutz der Mutter Gottes zu verdanken habe, dass mir bei dieser halsbrecherischen Fahrt nichts passiert ist.

War ich hier noch einmal davongekommen, hatte ich meine erste Begegnung mit dem Tod, als einige Zeit später ein Streich einen Kameraden im Feldlager das Leben kostete. Er war einer der stärksten und größten von uns. Doch als ihm irgendwer ein totes Tier in den Schuh legte, infizierte er sich und starb. Für mich war dies ein schaurig schlimmes Erlebnis – besonders durch die Worte des Priesters, der uns bei seinem Begräbnis aufgefordert hatte: „Beten wir ein ‚Vater unser' für den, der dem Tode dieses jungen Mannes als nächster folgt!"

Ungeachtet des Kriegs verlebte ich auch sehr glückliche und erlebnisreiche Zeiten, so zum Beispiel während der Kinderlandverschickung. Sie wurde organisiert, um Kinder und Jugendliche zwischen zehn und 15 Jahren vor den Angriffen zu schützen und dazu in die damals sicheren Gebiete im Osten des Reiches zu bringen. Meine Brüder Hermann und Friedrich und ich wurden so mit einem Transportzug, der von meinem Vater betreut wurde, nach Wehlau bei Königsberg nach Ostpreußen gebracht. Dort wurden wir bereits von Scharen von Leuten erwartet, die uns Kinder in ihre Familien aufnehmen wollten. Mein Vater entdeckte auf einer Kutsche eine Gutsfrau, deren gütige Ausstrahlung ihn veranlasste, sie als Gastmutter für meine Brüder auszuwählen. Mich nahm die Frau eines Arztes auf. Die folgende Zeit war wunderschön und von Toleranz und Freundschaft bestimmt, was wir insbesondere der Eigentümerin des Rittergutes zu verdanken hatten, die wir „Tante Steinmich" nannten. Meine Brüder und sie besuchte ich so häufig, dass ich mehr dort als bei meiner Gastfamilie war. Auch über Nacht blieb ich oft dort. Alles war für mich ein unglaubliches Erlebnis: Im Winter froren die Flüsse zu, im Frühjahr traten sie über die Ufer und überschwemmten kilometerweit Weiden und Wiesen. Dabei füllten sie den Teich des Gutes nicht nur mit Wasser, sondern auch mit Fischen. Auch die Entwässerungsgräben waren angefüllt mit Fischen, die man mit den Händen fangen konnte. Später wurde dann der Teich abgefischt, wobei eine große Menge Fisch ins Netz ging und auf dem Markt in Wehlau verkauft werden konnte. Wer so etwas als Kind erleben darf, kann sich glücklich schätzen. Und wir waren es damals über alle Maßen. Tante Steinmich ließ uns in der Zeit, die wir bei ihr verlebten, alle Freiheiten, die man jungen Menschen nur zubilligen kann. Nur selten gab es Ärger – vor allem dann, wenn ihre Tochter zu Hause war, die auf strenge Ordnung pochte, und wir zu spät zum Essen erschienen. Ansonsten waren wir frei wie die Fische im Wasser.

Auf dem Rittergut gab es unendlich viel Vieh: Kühe, Schweine, Pferde und Federvieh. Und da nicht alles immer unter Aufsicht stand, reizte es uns natürlich, den Stier zu ärgern, der an einem Nasenring festgemacht war. Wichtig war uns Kindern vor allem der große Haushund der Familie, der Harras hieß und unheimlich lieb und anhänglich war, wenn er nicht gerade den Hund des Verwalters sah, den er als Konkurrenten betrachtete. Wenn sie aufeinander trafen, griffen sie einander sofort an und verbissen sich so ineinander, dass sie nur mit vielen Eimern Wasser und der Kraft ihrer Eigentümer wieder auseinander gehalten werden konnten. Er war mein stetiger Begleiter auf allen Wegen auf diesem Gut; ihm schenkte ich alle Liebe, zu der ich damals als junger Mensch fähig war.

Unter den Pferden des Hofes waren auch Arbeitspferde, die im Vierergespann vor entsprechende Fahrzeuge gespannt wurden. Wenn ich bei der Ernte auf dem Leitpferd, das links hinten seine drei Kameraden führte, sitzen durfte und es führen durfte, fühlte ich mich besonders stolz.

Der Krieg war für mich immer noch ein Abenteuer. Ernsthafte Probleme oder Ängste haben sich eigentlich nie eingestellt. Im Gegenteil: Als wir mit

etwa 15 Jahren als so genannte Luftwaffenhelfer ein-
gezogen und mit einer Art Militäruniform mit Ha-
kenkreuzbinde eingekleidet wurden, fühlten wir uns
wie echte Soldaten und beeindruckten damit die
Mädchen. Unsere Ausbildung begann in Düsseldorf
bei einer 10,5 cm Batterie mit sechs oder acht Roh-
ren. Bereits hier erlebten wir aber die schweren Luft-
angriffe der Engländer bei Tag und Nacht. Später
wurden wir zur 8,8 Flak nach Grimlinghausen bei
Neuss versetzt, wo auch der Schulunterricht wieder aufgenommen wurde. Schließlich galten wir
nicht als Soldaten. So kam unser Klassenlehrer, Studienrat Altmann, jeden Morgen von Grimlinghausen, wo sich die Endhaltestelle der Straßenbahn
befand, zu Fuß viele Kilometer zu unserer Stellung
gelaufen, um uns zu unterrichten. Altmann war ein
mutiger und engagierter Lehrer. Keine Nacht mit
Bombardements hinderte ihn daran, am nächsten
Morgen wieder zu uns zu kommen. Damals haben
wir uns darüber natürlich nicht nur gefreut, sondern habe es immer noch als Pflicht empfunden.

In dieser Zeit haben sich zahlreiche gute und
schlechte Ereignisse abgespielt, die ich - so ernst sie
bisweilen waren - immer gut überstanden habe. So
wurde unsere Gruppe von Flakhelfern Anfang 1944
zu einer 12,8 cm Batterie zusammengezogen, die
aus sechs Geschützen bestand und von Schutzwällen umgeben war. Zusammen sollten wir das Hy-
drierwerk bei Gladbeck im Ruhrgebiet schützen, das
die Engländer vernichten wollten, um damit den
Nachschub an Benzin zu unterbrechen. Jede Nacht
erschienen Lightnings in etwa zehn bis zwölf Kilometern Höhe; es ist uns jedoch nie gelungen, eines

der Flugzeuge abzuschießen, weil sie zu hoch flogen, um von unseren Geschützen erreicht zu werden, und immer nur eine Bombe gezielt auf das Werk abwarfen. Dazwischen gab es ganz massive Tiefffliegerangriffe, denen in anderen Stellungen auch Kameraden zum Opfer gefallen sind. Auch hier hatten wir Glück zu überleben.

Mitten in dieser Zeit erreichte mich meine Einberufung zur Segelfliegerausbildung im Hessischen, der ich gerne folgte, da ich mich als Luftwaffenoffizier beworben hatte und dort ohnehin diese Ausbildung hätte absolvieren müssen. Was ich hier erlebte, war keineswegs eine reine Fliegerausbildung, sondern wiederum eine so genannte vormilitärische Ausbildung, die täglich mit entsprechendem Unterricht, Übungen, Drill, Ausbildung an Gewehr, Maschinengewehr und anderem Gerät stattfand. Nur zwei oder drei Stunden blieben so jeden Tag für die ersten Übungen an den Seglern übrig.

Wenn ich an meine Segelschulung denke, die uns in Gruppen von acht jungen Männern erteilt wurde, erinnere ich mich gerne an ein Erlebnis vom Beginn meiner Ausbildung. Damals übten wir auf dem Freisitz eines Segelgleiters, der von Seil und Seilwinde gezogen zu kleinen Lupfern abheben konnte. Dann mussten wir sofort das Seil kappen. Dabei hob sich das Fluggerät bei richtiger Bedienung ein paar Meter vom Boden und glitt ein Stück durch die Luft, bevor es wieder landete. Ein Freund hatte damals den Fehler begangen, den Steuerknüppel anzuziehen und zu halten. Der Segler stieg steil auf und wurde automatisch ausgeklinkt, worauf er nicht flog, sondern steil zurück auf den Boden fiel, wo er aufprallte. Die Flügel brachen, unser Freund krachte durch den Sitz, und der Segler war erkennbar fluguntauglich. Wir eilten unserem Kameraden zu Hilfe, der – zum Glück unverletzt – in den Trümmern saß. Noch heute ist mir seine Frage „Es jett kapott?" unvergesslich. Als einer von wenigen erlangte ich schließlich den Segelschein „C", was später noch großen Einfluss auf mein Leben haben sollte.

Vor einiger Zeit habe ich das Gästebuch meiner Eltern wieder gefunden. Dessen letzter Eintrag handelt von einem Besuch meines Vaters und mir in Thüringen, wo meine Mutter mit zwei Brüdern und meiner Schwester Karin Zuflucht und eine Arbeit gefunden hatte. Wie immer hatte mein Vater den Anlass und die besonderen Umstände unseres Besuchs in der Form eines passenden Gedichtes niedergeschrieben, meine Mutter den Eintrag mit einem Bild illustriert.

Weihnachtsmärchen
Im fünften Kriegsjahr
- 1944 -
Einzug ins Waldhaus am Burgberg

Es zog eine Frau ins fremde Land,

zwei Buben führend an ihrer Hand.

Das Mädel, das schon früher ging,

sie in der Heimat still empfing.

Nicht viel hat sie vom Haus gebracht.

Die Heimat blutet, der Tommy lacht!

Der Winter naht, 's bitter kalt,

kein Dach, kein Bett, kein Aufenthalt.

Nach langem Suchen einen Raum

als Unterkunft, man spürt es kaum,

denn Frost und Kälte ziehn herein.

Es frier'n Hand, Ohr und Beine ein.

Doch wie die Weihnacht naht heran,

- der Himmel hat sich aufgetan -

kein Engel winkt, und sich perdaus,

da steht wahrhaft ein Knusperhaus.

Gar lieblich liegts bei Burg und Wald

und ein zieht's Glück dann auch alsbald.

Der Vater kam, mit ihm der Sohn

vom Arbeitsdienst auf Urlaub schon,

das Täntchen strahlt im Kerzenlicht,

man nur noch von der Liebe spricht,

die alle Herzen froh gemacht! –

Weihnacht!!!

In der Tat hatten mein Vater und ich uns fast eine Woche zuvor auf den weiten und beschwerlichen Weg zur Mutter und den Geschwistern gemacht. Unsere Zugfahrt wurde durch zerbombte Schienen immer wieder unterbrochen, immer wieder ließen uns Tieffliegerangriffe in volle Deckung gehen. Überall lauerten Gefahren. Da wir vor unserer Abreise gen Osten alles, was wir noch an lebenden Tieren gehabt hatten - Hühner, Kaninchen und Enten - geschlachtet und in die Koffer gepackt hatten, bescherten wir unserer Familie wirklich ein Wunder von Weihnachten. Nach einigen wunderschönen Tagen reiste mein Vater nach Hause. Ich blieb jedoch noch in Thüringen, da ich einen Einberufungsbefehl der Luftwaffe nach Stolpmünde in Pommern erhalten hatte.

Dorthin fuhr ich in der zweiten Januarhälfte des Jahres 1945, um mich an Ort und Stelle zu melden. Recht bald tauschte ich mich mit einigen Klassenkameraden, die bereits in Stolpmünde waren, darüber aus, was uns wohl erwarten würde. So erfuhr ich, dass inzwischen keiner mehr die Chance bekam, als Kriegsoffiziersbewerber zur Luftwaffe zu stoßen. Alle, die hier geblieben und nicht weiter geschickt worden waren, wurden zwar militärisch ausgebildet, erhielten aber nicht die Uniformen der Luftwaffe, sondern die der Infanterie. So überlegten wir, wie wir dem Schicksal entgehen könnten, in Stolpmünde bleiben zu müssen, und fanden bald eine passable Lösung für unser Problem. Dazu musste jeder von uns erst einige Gespräche, dann eine Einzelvorstellung und eine Art Vernehmung vor einem Vierer-Gremium aus Offizieren und Lehrern absolvieren. Als ich an der Reihe war, habe ich mich so freiwillig zur Fallschirmjägerei gemeldet und zu Protokoll gegeben, auf meine Luftwaffenzukunft zu verzichten. Damit verwunderte ich das Gremium, das auf meine guten Papiere und meine Beurteilung als Flieger verwies. Um meiner Erklärung zu entgehen und damit verbunden auch der Tatsache, dieser dann auch entsprechen zu müssen, versuchten meine Prüfer, mich durch Fangfragen zu disqualifizieren. So erinnere ich mich an die Frage danach, was die Engländer zur Geldaufbewahrung benutzten. Als ich antwortete, sie benutzten eine Börse, wurde ich berichtigt: „Nein! Ein Portemonnaie!"

Mein Einwand, dass es sich dabei um ein französisches, und nicht um ein englisches Wort handle, ignorierte das Gremium; es erklärte die Prüfung für nicht bestanden und verfügte meinen Abmarsch nach Gardelegen. Wenige Tage später folgte mein Marschbefehl mit der Weisung, über Berlin zu reisen. Die Tatsache, dass wir uns als Gruppe ohne Begleitung auf den Weg machen durften, zeigt die gegen Kriegsende immer stärker werdenden Auflösungserscheinungen der Armee, was Disziplin und Kontrolle betrifft. Nirgendwo war außerdem festgehalten, wann wir Gardelegen zu erreichen hatten. Keiner wusste, inwieweit der Bahnverkehr noch intakt war und wie lange wir für unseren Weg brauchen würden. Also haben wir uns drei Tage in Berlin aufgehalten und versucht, die Stadt bzw. das, was von ihr noch da war, zu genießen. Als wir dann in Gardelegen ankamen, stellten wir fest, dass wir gar nicht erwartet wurden. Dennoch wurden wir in Listen eingetragen und in einem sehr großen Gelände mit vielen Baracken einquartiert. In den nächsten zwei Wochen wurden wir sukzessive eingekleidet und mit dem für Fallschirmjäger typischen Gepäck und der Ausrüstung versehen. Dazu gehörte auch der

so genannte Knochensack, ein tarnfarbenes Klei-
dungsstück in Form eines Overalls, das den ganzen
Körper bedeckte und mit zahlreichen Taschen für
Ausrüstung und Waffen ausgestattet war. So gekleidet wurden wir ins Emsland transportiert und in
einem Ausbildungslager untergebracht. Unser Ausbilder war ein „Schleifer" und hat uns während
unserer Zeit im Emsland sehr zugesetzt. So hatte
ich mich auf der Fahrt ins Lager derart erkältet, dass
ich keine Stimme mehr besaß und mich nur noch
mit einer Art Winseln verständigen könnte. Trotzdem verlangte unser Ausbilder von mir, deutlich zu
reden, und begann mich zu schleifen, um mich zu
dazu zu zwingen. Dass ich wegen meiner Erkältung
nicht deutlicher zu sprechen in der Lage war, konnte ich ihm nicht verständlich machen.

Trotz der Strapazen der mehrere Wochen dau-
ernden Ausbildung gelang es mir jedoch, nachts
mein Bett so zu tarnen, als ob ich darin läge, um
dann einen Ausflug zu einem nahe gelegenen Bauernhof zu unternehmen. Dort erwartete man mich
schon, denn es ist mir vier oder fünf Mal gelungen,
den Hof im abendlichen Dunkel zu besuchen, ohne
entdeckt zu werden. Zum Bauernhof gehörten zwei
nette Mädchen, aber auch eine höchst liebenswür-
dige Bäuerin und ein freundlicher Bauer, die meinen Hunger mit einer großen Pfanne Bratkartof-
feln mit Spiegeleiern und Speck stillten.

Dann folgte der Abtransport nach Holland an die
Front. In der Nähe von Arnheim untergebracht
konnten wir die nahen Gefechte schon hören und
stellten uns auf Kampfhandlungen oder Begegnungen mit dem Feind ein. Doch während wir so tap-

fer, wie es 17-jährigen Jungen möglich ist, in den Gräben lagen, kamen in ununterbrochener Folge, meist einzeln laufend, stattdessen Soldaten der eigenen Truppe zurück, die uns zuriefen: „Jungen, geht nach Hause! Der Krieg ist verloren!" Natürlich haben wir das nicht geglaubt. Denn wir waren noch voller Idealismus und gespannt auf die Kampfhandlungen. In der Nacht kamen dann gepanzerte Spähwagen des Feindes, die erkundeten, wo wir uns festgesetzt hatten. Zwar gelang es uns, einen mit einer Panzerfaust zu beschädigen, doch war er noch fähig zurückzufahren. Damit war unser Standort verraten. Wir wechselten auf einen Bauernhof weiter im Feld, wo wir mit der Gruppe zusammentrafen. Dort jedoch verließ uns unser Ausbilder und wir erfuhren, dass er desertierte, weil er schon einmal gefangen genommen und ihm bei seiner Entlassung verdeutlicht worden war, dass er sofort zum Tode verurteilt sei, falls er bei einem weiteren Fronteinsatz in Gefangenschaft gerate. Nach seiner Flucht - wir haben ihn nie wieder gesehen - waren wir als Gruppe von acht bis zehn Soldaten bzw. Fallschirmjägern auf uns allein gestellt. Sukzessive und mit großer Vorsicht, bei Feindberührung zurück, dann wieder vor, bewegten sich die kanadischen Truppen nun in durchweg gepanzerten Fahrzeugen auf uns zu. Als sie den Hof, auf dem wir uns aufhielten, aus der Nähe in Brand schossen, flüchteten wir durch den Qualm bis ein Stück hinter den Hof, wo wir einen Graben fanden. Dort brachten wir uns in Deckung und warteten ab, während wir die gepanzerten Fahrzeuge immer näher kommen hören konnten.

Als sie schließlich auch über unsere Köpfe schossen, weil sie uns dort vermuteten, blieb uns nichts anderes übrig, als ein Taschentuch ans Gewehr zu binden und die Fahne als Kennzeichen dafür hissen, dass wir uns ergeben wollten. Langsam bewegten sich die Kanadier auf uns zu und schrieen „Come on! Come on!", bis wir uns immer noch tödliche Schüsse erwartend vorsichtig erhoben. Diese blieben zum Glück aus; man ließ uns aus unserem Versteck hervorkommen, zwang uns bis an die Fahrzeuge und entwaffnete uns.

Anschließend trieb uns eine Gruppe Kanadier vor ihrem Fahrzeug her. Um unser Tempo zu erhöhen und uns dazu zu bringen, trotz Erschöpfung weiter zu laufen, machte sie sich dabei einen Spaß daraus, uns mit scharfer Munition hinter die Hacken zu schießen. So erreichten wir schließlich einen Platz, an dem wir uns während unserer Ausbildung in einem Schloss aufgehalten hatten. Entsprechend erinnerte uns alles an die Zeit, die wir dort erlebt hatten. So wusste ich noch genau, dass wir jeweils am späteren Nachmittag und vor Dienstschluss einer Unterweisung und Vorträgen des Vorgesetzten beigewohnt hatten. Auch erinnerte ich mich daran, dass das Gebäude zur Zeit unserer Ausbildung mit einem Graben umsäumt war, auf dessen anderer Seite Kaninchen zu sehen waren, auf die wir damals einen entsprechenden Appetit verspürt und die wir nach Dienstschluss geschossen und über offenem Feuer gebraten hatten.

Nun führte uns der Weg in größere Lager zunächst in die Nähe von Weeze. Dort war auf offenem Feld ein von Stacheldrahtrollen umgebenes Feldgefangenenlager entstanden, in das wir mit mehren Tausend anderen Soldaten eingepfercht wurden. Dort bekamen wir jedoch zu essen, unter anderem auch schon einmal Corned Beef in Büchsen. Da der Wind pfiff, Regen durch unsere Kleidung drang und der Frost uns zu schaffen machte, bedienten ein Kamerad und ich uns der leeren Corned Beef-Dosen, um uns in den Boden so weit einzugraben, dass der Wind über uns hinweg fegen konnte und wir etwas geschützt waren. Dabei haben wir genau die Breite einhalten, die wir benötigten, um beide auf der Seite liegend in der Grube liegen zu können. Zugleich nutzen wir unsere Kleidung, um uns so gut wie es ging gegen den Regen zu schützen. Dies war jedoch nicht ungefährlich: Eines Nachts wurde ich wach und lag mit meinem Freund bis zur Brust im Wasser. Wir mussten unsere Grube schnell verlassen, um nicht zu ertrinken oder zu ersticken.

Vom Feldlager wurden wir dicht gedrängt in offenen Eisenbahnwaggons durch Belgien an die Küste des Landes transportiert, wo sich ein riesiges, aus drei großen Lagern bestehendes Gefangenenlager befand. Auf dem Weg dorthin bewarf uns die Bevölkerung von den Brücken mit Steinen und Ziegeln. Angesichts einiger Schwerverletzter und Tote waren wir froh, unverletzt davonzukommen. Im Lager selbst wurden wir jedoch so schlecht ernährt, dass wir Hunger litten. So war es ein Glücksfall, aus den Trauben hungriger junger Leute ausgewählt und eingelassen zu werden, wenn abends an der Küche Helfer gesucht wurden. In der Küche konnten wir dann die großen Suppentöpfe ausschaben, und jeder steckte sich in den Mund, was noch aus den

Töpfen oder den großen Eimern und Kanistern herauszubekommen war. Nur einmal ist es mir gelungen, bei diesen Glücklichen zu sein. Immer wieder kam es vor, dass der eine oder andere ein Stückchen Brot aus der Küche hatte mitnehmen können. Dabei passierte es jedoch auch, dass dieses wertvolle Stückchen von Kameraden gestohlen wurde, was zu dieser Zeit als Generalverbrechen galt. Zu einer Zeit, als es Gerüchte gab, man werde uns nach Afrika bringen, wurde einer aus unserer Baracke beim Brotdiebstahl ertappt. Man stellte ein Standgericht zusammen und verurteilte ihn unbemerkt von der englischen Bewachung. Dies war möglich, weil die Munitionsbunker, in denen wir damals - Fallschirmjäger von den anderen Soldaten getrennt - untergebracht waren, immer zu mehreren von Schutzwällen umgeben und daher der Einsicht der Bewachungsmannschaften entzogen waren. Der von uns überführte „Delinquent" wurde an die Wand gestellt, das Urteil verkündet, die Strafe mitgeteilt. Dies hatten wir ohnehin schon während der Vernehmung durch bösartige Schläge mit einem breiten Brett auf das Hinterteil vollzogen, was uns aber nicht reichte. So setzte man ihm eine Dornenkrone aus Stacheldraht auf, beschimpfte und schlug ihn in Abständen, bis er zusammenbrach. Dabei habe ich die Erfahrung gemacht, dass sich Menschen zu Unmenschen entwickeln können, dass sie johlen, schreien und sich an der Vorstellung ergötzen. Hiervon kann ich mich selbst nicht ausnehmen.

Als uns später in England die grauenhaften Bilder aus den Konzentrationslagern gezeigt wurden und wir langsam erkannten, dass es sich bei ihnen nicht um Propaganda, sondern um Fakten handelte, erkannte ich, wozu Menschen im Stande sind, denn ich hatte es selbst miterlebt und war nicht eingeschritten. Damals wurde mir klar, wie verroht wir durch den Krieg und die Gefangenschaft waren, und ich habe mich dessen sehr geschämt. Mir fehlte aber auch der Mut einzuschreiten, weil mir dies unter Umständen das gleiche Schicksal beschert hätte.

Nach einem vergeblichen Fluchtversuch, der bereits wenige Meter hinter dem Zaun geendet hatte, wurde aus dem für Fallschirmjäger bestimmten Bereich des Lagers ein Transport zusammengestellt und zum Hafen gebracht und wir wurden im Bauch eines großen Transportschiffes nach England verschifft. Hier bekam ich die Aufgabe, ein paar Kabinen anstreichen, was für mich ein großes Vergnügen war: Weil wir starken Seegang hatten erreichte ich mit dem Pinsel nicht immer die Wand. Immerhin merkte ich, dass ich seefest war, was sich auch auf meinen späteren Reisen sehr positiv ausgewirkt hat.

Nachdem wir die Themse nach London hochgefahren waren, schiffte man uns aus, verlud uns in Züge und brachte uns dann nach Hampton Park, zum berühmten Pferderennplatz für die Derby-Rennen. Hier erlebte ich am 27. März auch meinen 18. Geburtstag. Bei der Ankunft wurden wir durch eine Reihe von Fotowänden hindurchgeführt, auf denen Bilder von den Konzentrationslagern ausgestellt wurden. Sie zeigten unter anderem Berge von Leichen, die von Raupen in Gruben geschoben wurden, und Massen total ausgehungerter Menschen. Zwischen uns bewegten sich die so genannten politischen Offiziere, die Engländer und Amerikaner dazu ausgebildet hatten, uns Gefangene zu entnazifizieren. Ich weiß nicht warum diese Aufnahmen die meisten mehr überrascht als abgeschreckt haben. Die meisten sagten auf die Frage der Offiziere, was sie von den Bildern hielten, es handle sich bei ihnen um Propaganda. Wir konnten einfach nicht glauben, dass sie real waren, und erst im Laufe der vielen Monate der Gefangenschaft wurde uns deutlich, welch ungeheure Verbrechen an den Juden begangen worden waren. Schließlich hat uns dies doch beeindruckt, aber es hat die Alliierten in den politischen Erziehungsstunden viel Arbeit gekostet, es uns beizubringen.

Bei unserer Ankunft mussten wir uns außerdem entkleiden und unsere Wäsche für die Entlausung abgeben, bevor wir sie nach einem sehr gründlichen Bad und einer noch kräftigeren Behandlung gegen Läuse, Flöhe und sonstiges Ungeziefer zurückbekamen. Dabei wurden wir mit einem speziellen Staubmittel behandelt, das in unsere Kleidung gegeben wurde. In der Tat sind wir so das Ungeziefer losgeworden. In der Zwischenzeit hatten die Engländer die Kleidung jedoch auf Wertgegenstände und sonstige Tascheninhalte gefilzt, sodass wir uns nach der Entlausung mit dem Verlust des einen oder anderen Gegenstands abfinden mussten. Schon vorher und direkt bei der Gefangennahme hatten die Kanadier uns mit einem schnellen Griff die Uhren und sonstigen Wertgegenstände abgenommen. Jetzt hatten wir gar nichts mehr in den Taschen. Dennoch muss es noch genügend Kriegsgefangene gegeben haben, die mit irgendwelchen Tricks Geld ins Lager gebracht haben. Denn es gab eine kleine „Spielhölle", in der einige Kameraden um Geld spielten. Für mich war das ein Wunder, denn eigentlich war mir und vielen anderen keine Reichsmark mehr geblieben. Trotzdem ging es in dieser Spielhölle um viel Geld.

Das Gelände in Hampton Park war in größere Cages eingeteilt, in denen wir zu einigen Hundert Gefangenen eingesperrt unter offenem Himmel campierten. Wir bekamen zu essen, und ich tauschte zum ersten Mal meine Ration des so genannten „Navy-Cake" (ein Stück Kuchen) gegen eine Zigarette. Mein darauf folgender erster Rauchversuch betäubte mich so, dass ich auf dem Rücken lag und in einer Art Rausch fantasierte. Danach bin ich jedoch den umgekehrten Weg gegangen und habe, wenn ich selbst Zuteilungen von Zigaretten enthielt, diese gegen Brot und Essen eingetauscht.

Zu dieser Zeit gab es auch Veranstaltungen im Lager, für die ein ehemaliger englischer Boxlehrer einige Kriegsgefangene trainierte. Ich stieß zu seiner Gruppe, als ich mich auf einen Aufruf nach einem englischen Gefangenen und Helfer für die Lagerverwaltung meldete und er mein vorgesetzter Sergeant wurde. Neben den anderen Aufgaben, die er mir zuteilte, setzte er mich auch als Trainingslehrer fürs Boxen ein und ließ mich daher ununterbrochen Seilchen springen. Der Sergeant fungierte auch als Schiedsrichter in unseren Kämpfen. Diese waren bei mir immer besonders spaßig, weil mein Kamerad und ich zwei Kämpfer waren, die immer blind aufeinander einschlugen. Nachdem ich mir bei einem Training bei sehr schlechtem Wetter eine Rippenfellentzündung zugezogen hatte, wurde ich für drei oder vier Wochen in ein englisches Lazarett in der Nähe von Skipton gebracht, wo ich auch punktiert wurde.

Von London aus wurden wir schließlich in Gruppen aufgeteilt in verschiedene Lager in England abtransportiert. So verschlug es uns zunächst nach Sheffield, von wo wir wiederum auf verschiedene Lager aufgeteilt wurden. Schließlich brachten die Engländer uns in die so genannten Hostels, die zwar noch umzäumt waren und bewacht wurden. Doch bestand der Zaun nicht aus Stacheldraht, und die Wachposten waren unbewaffnet. Schritt für Schritt ging es uns besser. Und auch die Verpflegung wurde gut und immer besser. Besonders nährte und sättigte uns das Porridge, das in England traditionell zum Frühstück gegessen wurde.

Die Hostels waren nicht groß, sondern für höchstens hundert Gefangene bestimmt, die zu Arbeitskommandos abgestellt wurden. Unseres war für Arbeiten im Rahmen des Aufbaus eines großen Ministeriums bestimmt, für das wir ein großes Grundstück zu erschließen hatten. Es gab viele verschiedene Aufgaben, denen wir nachkommen mussten. So dienten wir als Handlanger der Mauerer, deren Arbeitsmoral uns allerdings zweifelhaft erschien. Hatte einer unserer Freunde nämlich mehr als drei Steine gelegt, sagten wir: „Menschenskind! Du arbeitest ja wie ein Pferd! Du musst Pause machen!", was er dann auch prompt tat. Und sobald der erste Tropfen fiel, verschwanden alle Arbeiter vom Platz und verzogen sich in die Baracken, um dort abzuwarten, bis der letzte Tropfen gefallen war. Wir Gefangenen blieben jedoch draußen. Wir hatten uns nämlich Tonnen mit

Löchern zurechtgemacht, stahlen etwas vom Dieselöl, das überall herumstand, und Holz und haben uns an kleinen Feuern gewärmt.

Eine besonders unangenehme Aufgabe, für die ich auch mehrere Wochen eingeteilt war, bestand darin, Zement zu lagern und in Maschinen einzufüllen, die ununterbrochen Beton produzierten. So musste ich den in Papiersäcken angelieferten Zement stapeln, anschließend die Tüten durchstechen und das Material in einen Trichter hinein laufen lassen. Ständig war viel Zementstaub in der Luft. Und wenn ich abends zurück ins Hostel kam, saß mir der Zement in der Nase fest und es war schwierig, ihn wieder heraus zu bekommen. Als ich später bei den Kolonnen war, die die Kanäle mit Beton zugossen, um die Rohre fest im Boden zu verankern, haben wir uns dafür jedoch gerächt. So zerstörten wir das eine oder andere Rohr vor dem Vergießen mit Steinen. Das hatte große Schäden zur Folge, die, wenn der Bau im Gang war, nur durch Aufreißen des Bodens wieder beseitigt werden konnten. Wir empfanden dabei eine gewisse Befriedigung, weil wir pro Woche nur sieben Shilling bezahlt bekamen - weniger als ein oder zwei Prozent dessen, was die Engländer als Lohn erhielten.

Abenteuer und Abwechslung gab es auch in dieser Zeit der Gefangenschaft immer wieder. So entpuppten sich die Iren als besondere Freunde unter den Arbeitskameraden. Sie mochten uns, luden uns immer wieder ein und verführten uns auch dazu, sie in ihren Wohnungen zu besuchen. Entsprechend riskierte ich ab und zu, durch die Löcher im Zaun aus dem Lager auszubrechen. In der Stadt passierte es jedoch oft, dass ich die Freunde nicht traf, mich verlief und dann versuchte, wieder den Bus zu finden, der in die Nähe des Lagers fuhr. Immer wieder war es ein Nervenkitzel, nicht entdeckt zu werden - besonders, wenn Polizisten zustiegen. Natürlich besuchten wir nicht nur unsere Kollegen, sondern auch Mädchen, die wir am Zaun kennen gelernt hatten. Denn auch diese kamen zu uns und luden uns ein, sie in ihren Wohnungen zu besuchen.

In einem Lager erlaubte man uns sonntags, zur nahe gelegenen katholischen Kirche zu gehen, die Teil eines Nonnenklosters war. Nicht nur wegen des Glaubens gingen viele mit, sondern auch, weil es anschließend ein schönes, kräftiges Frühstück gab, das die Nonnen für uns herrichteten und besonders servierten.

Alles in allem war es für uns so keine nur knechtende Gefangenschaft, sondern oft auch ein positives jugendliches Erlebnis. Dennoch versahen wir die Briefe, die wir nach Hause schrieben, natürlich mit einigen Klagetönen. Dass mein Vater mir antwortete, ich solle froh sein, nicht zu Hause zu sein, da es dort die Hölle sei, habe ich damals nicht verstanden und nicht gewusst, was das heißen sollte. Als ich später nach Hause kam, habe ich jedoch gesehen, welchen Verzicht die ersten Jahre nach dem Krieg bedeutet hatten und dass als Währung einzig der Tausch, nicht aber mehr das Geld galt.

Durch unsere englischen Arbeitskameraden hörten wir auch, was in der englischen Öffentlichkeit geschah. So erfuhren wir, dass sich immer mehr Engländer für die Repatriierung der Kriegsgefangenen einsetzten und verlangten, die Deutschen nach Hause zu schicken. Hier kam mir meine in London erlittene Rippenfellentzündung zunutze. Denn die Pläne zur Repatriierung differenzierten nach Zeit und Dauer der Gefangennahme, nach Alter und Erkrankungen. Da meine Krankenakte nicht auffindbar war, gaukelte ich mit einem Fieberthermometer und Fieber verursachenden Tabletten einen Rückfall vor und wurde so in das Krankenlager unseres Hostels eingewiesen. Zwar hat mich der Stabsarzt schnell durchschaut, dennoch hat er, da wir uns gut verstanden, dafür gesorgt, dass ich aufgrund meiner vermeintlichen Krankheit das „R"-Signal bekam, das für „Repatriation" stand.

Natürlich versuchten alle, möglichst schnell nach Hause zu kommen. So kam ein Mitgefangener alle fünf Minuten auf die Krankenstation und hatte seinen Arm aus der Schulter gekugelt, womit er schließlich ebenfalls durchgekommen ist. Auch mein Freund Heini, dem ich mich noch heute verbunden fühle, hatte eine Möglichkeit gefunden: Als Teetrinker versorgten uns die Engländer mit einem konzentrierten Mischgetränk aus Tee, Zucker und Trockenmilch. Edi machte sich zunutze, dass man Herzrasen bekam, trank man die Mischung unverdünnt, und wurde entsprechend als herzkrank eingestuft. So wurden wir gemeinsam entlassen.

Schon als wir glaubten, wir dürften nach Hause, stießen jedoch Kameraden zu uns, die auf ihrer Rückkehr aus der amerikanischen Kriegsgefangenschaft schwarz gekleidet und mit dicken Säcken auf dem Rücken am Hafen ausgeladen, bei uns untergebracht und als Arbeitskräfte gefangen gehalten wurden, obwohl man ihnen in den USA die Entlassung versprochen hatte. Trotz dieser Enttäuschung wurden im Februar 1947 schließlich die Heimtransporte zusammengestellt und mit einem Kreuzer über die Nordsee nach Cuxhaven transportiert, wo wir ausgeladen und nach Munsterlager gebracht wurden. Es war bitterer Winter und obwohl wir der so genannten Fußlappensuppe, die aus in Wasser schwimmenden großen Kohllappen bestand, aus unseren in England gehamsterten Vorräten etwas zusetzen konnten, haben wir großen Hunger gelitten. In Munsterlager trafen wir auch auf die Kameraden, die aus russischer Gefangenschaft zurückkehrten; sie waren nur noch Haut und Knochen und wurden von schrecklichen Erinnerungen gequält. Manche sind noch in diesem Lager gestorben.

Schließlich ging es über drei Stationen in einem LKW nach Weeze, wo wir ausgeladen und ohne Hinweis, wie es nun weitergehen sollte, stehengelassen wurden. Als die ersten quer über das Feld marschierten, entdeckten wir in der Ferne einen Bahnhof. Von dort fuhr ich über Neuss zurück nach Hause.

4. Familie und Freunde

Wie eingangs beschrieben lernte ich meine zukünftige Frau Katharina kurz nach meiner Rückkehr aus der englischen Kriegsgefangenschaft kennen. Wir blieben auch in der Folgezeit in Kontakt und lernten uns immer besser kennen. Als unsere Freundschaft in den nächsten Jahren immer ernsthafter wurde, bemühte ich mich um das Wohlwollen ihrer Familie, insbesondere um das ihrer Mutter. Mit ihr habe ich abends – Katharina lag zu diesem Zeitpunkt meist schon im Bett – oft über unsere Verbindung und unsere Zukunft gesprochen. Sie wollte schließlich wissen, was ich ihrer Tochter zu bieten hätte.

Zu meiner Brautwerbung gehörte auch, dass ich in der großen Not der Nachkriegszeit Katharina und ihrer Familie, sooft ich konnte, Kohlen mitbrachte. Das war möglich, weil eine Eisenbahnlinie unmittelbar am Dorf vorbeilief, auf der täglich viele Güterzüge fuhren, die vom ersten bis zum letzten Waggon mit Briketts beladen waren. Die bei unserem Dorf ansteigende Strecke konnten die Bahnen nur langsam, wenig schneller als im Schritttempo passieren. So hatten wir auf einer Strecke von etwa 800 m die Gelegenheit, auf die Waggons aufzuspringen, Kohlen zusammenzuklauben und dann wieder abzuspringen, bevor der Zug wieder an Geschwindigkeit gewann. Genauso wie viele Felder immer wieder von hungrigen Bewohnern abgeerntet wurden, galt auch der Kohlenklau zu dieser Zeit als überlebenswichtiger Mundraub. Auch der damalige Kölner Erzbischof, Kardinal Frings, erteilte die Absolution für Diebstähle dieser Art. Das von seinem Namen abgeleitete Verb „fringsen" ist vielen sicherlich heute noch bekannt.

Für uns am schwierigsten war, mitzulaufen, zuzupacken, aufzuspringen und dann aufzusteigen. Ich hatte immer Glück, nicht wenige aber sind dabei umgekommen oder verloren bei einem Unfall einen Arm oder ein Bein. Hatten wir die Waggons erklommen, füllten wir mit behänder Geschwindigkeit den Sack mit Briketts, warfen ihn dann in einen Seitengraben und suchten kurz darauf selbst einen günstigen Moment für den Absprung. Hatten wir die Geschwindigkeit des Absprungs durch Mitlaufen oder Abrollen aufgefangen, suchten wir rasch unsere erbeuteten Kohlen und liefen nach Hause.

Fünf Jahre nach unserem ersten Kennenlernen waren Katharina und ich so weit, dass wir zur Feier unserer Verlobung einluden. Besonders nach den vergangenen Notzeiten war dieses Fest für alle Verwandten eine willkommene Gelegenheit zu feiern, gut zu essen und zu trinken. Natürlich wurde dabei unser Erspartes durch geschenkte Haushaltsartikel bereichert.

Auch die nicht sehr viel später folgende Hochzeit und unser gemeinsames Eheleben wollten natürlich vorbereitet werden. So baute ich meiner Braut und mir in der Rommerskirchener Schule, deren Leitung mein Vater übernommen hatte, ein Nest. Im Schulgebäude gab es damals nämlich zwei Dach-

zimmer, in denen ich übernachtete, während ich bei
Bayer Dormagen arbeitete. Beide Räume waren
ausgebaut und lagen unter dem Giebel. Den Weg
zu ihnen, der vom Treppenhaus durch einen Speicher führte, gestaltete ich nun so, dass man den Eindruck hatte, durch einen bewohnbaren Raum zu
kommen. Eines der beiden Zimmer machte ich zum
Schlafzimmer, das andere wurde unsere Wohnkü-
che.

So vorbereitet konnten wir am 19. April 1952
heiraten. Es war ein großes und aufregendes Fest,
das – wie es damals üblich war – von der Braut und
ihren Eltern getragen wurde. Der Tradition entsprechend sah ich das zauberhafte Brautkleid meiner
Frau, das ihr ein Neffe geschneidert hatte, erst in
der Kirche. Dieser Tag bedeutete uns sehr viel und
wir waren entsprechend ergriffen. So hielt ich Katharina während der Trauung fest am Arm, um zu
verhindert, dass sie vor lauter Aufregung ohnmäch-
tig von der Kniebank rutschte. Sie hat es aber dann
doch durchgehalten, und wir konnten uns das Ja-
Wort geben – ein wunderschönes Erlebnis.

Vorher hatten wir uns allerdings eine Prüfung
auferlegt: Wir sind an den Wallfahrtsort Kevelaer
gefahren, haben dort bei der Mutter Gottes sehr
andächtig gebetet, sie gefragt, ob unsere Ehe funktionieren wird, und sie um ihre Hilfe für das bevor-
stehende Ja-Wort gebeten. Schließlich waren wir uns
unserer sicher, und so konnten wir heiraten.

Unsere Ehe war mit Kindern gesegnet; drei Söhne und zwei Töchter wurden uns geschenkt. Unser
erstes Kind war Miriam. Es war eine ungeheuer

schwere Geburt, die mehr als acht Stunden dauerte und der ich beiwohnte. Dabei habe ich gelitten wie meine Frau. Denn die Hebamme setzte mich bei allen Geburtswehen fest mit ein, und so erbrachte ich meine Pflichten als werdender Vater, indem ich meiner Frau beistand.

Schon 15 Monate später kam Dietrich zur Welt, der heute Bildhauer ist. Seine Geburt war für mich eine ganz besondere Freude. Denn über viele Generationen waren in der gesamten Verwandtschaft meiner Frau entweder nur Töchter oder nur Söhne geboren worden. Mit Dietrichs Geburt waren wir nun die erste Familie mit einer gemischten Kinderschar. Die Geburt unseres Sohns Martin fünf Jahre später setzte diese Ausnahme fort. Mit einigem Abstand folgten schließlich unsere Tochter Christiane und unser Sohn Manfred.

Wir erzogen unsere ältesten Kinder autoritär, wie wir es selbst in unserer Kindheit gelernt hatten. Erziehungsratgeber und Abhandlungen über die Erkenntnisse der Pädagogik gab es damals nicht, und gegen die antiautoritäre Welle entschieden wir uns bewusst. Erst bei unseren jüngeren Kindern haben wir uns über Broschüren und Fachbücher langsam einer Erziehungsweise angenähert, die weder autoritär noch antiautoritär war. Meiner Frau bedeuteten unsere Kinder alles. Während ich mich in den Jahren nach unsere Hochzeit mehr und mehr meinen unternehmerischen Aktivitäten widmete und immer länger arbeitete, umsorgte sie unsere Kinder, betreute und erzog sie. Jedes Kind war ihr und mir eine Bereicherung und ihre ganze Freude. Wir können uns glücklich schätzen, dass alle gesund sind und es zu etwas gebracht haben.

Dass ich nur wenig zu Hause war und entsprechend wenig Zeit mit unseren Kindern verbringen konnte, glich meine Frau durch ihre Liebe und Fürsorge für die Kinder aus, sodass es nie dazu kommen konnte, dass ihnen der Vater gefehlt hätte. Als ich viel Zeit in die Planung und den Aufbau des ersten Ferienparks in Minderzhagen investieren musste, kam Katharina jedes Wochenende mit den Kindern zu mir ins Sauerland. Dort hatten wir ein Musterhaus, das nicht nur uns, sondern auch Freunden, Nichten und Neffen und den Freunden unserer Kinder als Zuhause diente. Da unsere Miniküche lediglich aus zwei Elektroplatten bestand, mussten wir bisweilen in zwei Schichten essen – bisweilen begleitet von Kunden, die unser Musterhaus besichtigen wollten.

Besonders vor meinem Engagement in Minderzhagen, damit in den ersten Jahren unserer Ehe haben wir viel gemeinsam unternommen. So schafften wir uns ein Zelt mit Überdach an, mit dem wir an die Nordsee nach Holland fuhren. Zu der Zeit war Martin, damals unser Jüngster, noch in einem Alter, in dem er den 20- bis 30-minütigen Weg durch die Dünen zum Meer mit dem Kinderwagen gefahren werden musste und regelmäßig einschlief. War die See aber erreicht, krabbelte er davon, und wir hatten Not, ihn im Auge zu behalten. Deshalb behalfen wir uns damit, ihm einen roten Luftballon ans Höschen zu binden, sodass wir ihn jederzeit orten konnten.

Zu dieser Zeit oder wenig später hatte ich mich auch auf die Suche nach einem Wohnwagen gemacht und schließlich einen entdeckt, der den Namen „Knospe" trug. Er war zwar ein Winzling unter den damaligen Wohnanhängern, hatte aber eine tolle Technik. So war er leicht genug, dass ihn ein VW ziehen konnte, und war mit einer raffinierten Erweiterungstechnik ausgestattet, mit deren Hilfe wir ihn um die Hälfte seiner Breite erweitern konnten. Sein Innenraum reichte dann für drei bis vier Betten; zwei weitere Personen konnten auf Hängeliegen schlafen. Im vorderen Teil unserer „Knospe" fand sich außerdem eine Küche mit den notwendige Koch- und Gefriermöglichkeiten, Platz für Vorräte und Kleider.

Nachdem wir mit unserem Zelt mehrfach an die Nordsee gefahren waren, entdeckten wir – endlich stolze Besitzer des neuen Wohnwagens – in Hellenthal in der Eifel einen Campingplatz, der wie für uns geschaffen war: Er befand sich in erreichbarer Nähe, sodass wir von nun an fast jedes Wochenende zu unserem Wohnwagen fahren konnten, er lag in einer Höhe, die unseren Ansprüchen an Erholung und Luftveränderung gerecht wurde, und er hatte ein eigenes Schwimmbad und einen Kiosk, an dem wir die notwendigen Lebensmittel zukaufen konnten. Als wir uns für Hellenthal entschieden hatten, wurde mir klar, dass wir ein Vorzelt brauchten, das ich dann selbst schneiderte, zimmerte und an den Wohnwagen anbaute. Dadurch konnten wir unseren Wohnbereich erweitern und Platz für zwei Etagenbetten schaffen, in denen zumindest im Sommer vier Kinder schlafen konnten. Diese Zeit der kleinen Urlaube und Wochenenderholungen war, was das aktive Familienleben betrifft, wohl die schönste Zeit meines Lebens. Und auch unsere Kinder genossen die Freiheit im niederländischen Seewald direkt an der Küste und die Touren in die Eifel mit allen Wander- und anderen Freizeitmöglichkeiten. Meine Eltern folgten unserem Beispiel und schafften sich einen Stellplatz auf einem benachbarten Campingplatz in Udenbreth an. So war es möglich, dass wir sie gelegentlich zu Fuß besuchten. Einmal machte Martin auf dem Heimweg von seinen Großeltern zu unserem Wohnwagen schlapp, und ich musste ihn auf meinen Schultern bis Hellenthal tragen. Kaum waren wir angekommen, sprang er mir von den Schultern, rief „Papa, guck mal: Ich kann wieder laufen!" und war auf und davon. Ein anderes Mal besuchten wir an Ostern, ebenfalls in der Eifel, den Gottesdienst. Anschließend, wir waren gerade aus der Kirche herausgekommen, kam Martin freudestrahlend auf uns zu und erklärte, er wisse nun, was er einmal werden solle: „Der Mann mit dem Klingelbeutel. Der verdient ja Geld, ohne zu arbeiten!"

Später, auch Manfred und Christiane waren damals schon geboren, führten unsere Reisen uns auch an die Côte d'Azur und – viele Jahre lang besonders häufig – nach Spanien. Ich erinnere mich hier vor allem an zwei Erlebnisse. So gab es eine Zeit, in der sich unser ältester Sohn, Dietrich, seiner angeblich reichen Eltern schämte und Abstand zu uns nahm. Dennoch ließ er sich überreden, mit uns in Urlaub zu fahren, wobei er uns auf der Fahrt jedoch erklärte, er verstünde gar nicht, dass er jetzt in einem

Mercedes sitze und mit uns in Urlaub fahre: „Das geht mir einfach gegen den Strich!" Auf unserer Fahrt durch das Loiretal, über das wir unser Häuschen in Lloret de Mar ansteuerten, kamen wir auch nach Lourdes, um die Mutter Gottes zu besuchen und um ihre Fürsprache zu bitten. Die Grotte und die spürbare Nähe Mariens war für den sensiblen Dietrich damals ein ganz besonderes Erlebnis. Er ging selbst hinein, betastete alles und ließ es auf sich wirken. Diese Erfahrung hat ihn ein Stück geformt.

Außer Dietrich waren auch unser jüngster Sohn Manfred und die jüngste Tochter Christiane mit an Bord, als wir in jenem Jahr von Frankreich aus an der Küste entlang nach Spanien zu unserem Ferienhaus fuhren. Und als ich an einem Hotel anhielt, um mich zu erkundigen, ob dort eine bezahlbare Übernachtungsmöglichkeit bestünde, tauchte auf einmal Manfred auf, um sein dringendes Bedürfnis nach einer Toilette anzumelden. Aber es war schon zu spät; seine Jeans färbten sich dunkelblau, sodass ich feststellen musste: „Der große Pisser hat wieder zugeschlagen." Meine Frau zog ihn um, und noch ehe ich aus dem Hotel wieder herauskam, turnte Manfred schon wieder auf einem Begrenzungsrohr herum. Er fiel herunter und landete prompt im Matsch, sodass eine weitere Versorgung notwendig wurde.

Neben der Familie waren und sind uns auch unsere Freunde sehr wichtig. Viele Freundschaften entwickelten sich früh und reiften zu fast familiären Verhältnissen. So nannten uns die Kinder unserer Freunde Albert und Sophia Hartwig Onkel und

Tante, unsere Kinder sie Onkel Albert und Tante Sophia. Hinzu kamen Willi und Rosa Kaiser, die uns ebenso eng verbunden waren. So hatten wir viel Freude beim gemeinsamen Skat, Kegeln und sonstigen Treffen und Veranstaltungen. Auch haben wir unser ganzes Leben lang Silvester immer der Reihe nach bei einem von uns zusammen gefeiert. Bis Willi Kaiser, der jüngste unserer Runde im Jahr 2003 starb, genossen wir so über viele Jahrzehnte herrliche Festessen, Tanz, Unterhaltung, Silvesterschießen und den eigentlichen Beginn des neuen Jahres.

Auch nach Spanien fuhren wir zusammen. So hatte unser gemeinsames Spanien-Investment Willi und Rosa nicht nur ein Ferienhaus, sondern auch einen Schwiegersohn und zwei Enkel beschert. Spanien war ihnen neben einem Ferienort so auch Familien- und Altersruhesitz, wo wir sie auch jüngst an Silvester besuchten. Inzwischen – kurz vor seinem 86. Geburtstag – ist jedoch auch Albert Hartwig gestorben.

Immer haben wir gerne mit unseren Freunden gefeiert; oft haben sie mich zum Organisator gekürt und als solchen gebraucht. Immer sind alle gerne gekommen, denn unsere Feste waren wegen ihrer guten Organisation, der Unterhaltung und Bewirtung stets sehr beliebt. Als wir noch jünger waren, war es so nur selten früher als drei Uhr morgens, bis der letzte gegangen war.

Besonders der Karneval spielte in unseren Festivitäten eine große Rolle. Denn meine beiden Freunde waren von Geburt her Kölner und hatten die notwendigen Beziehungen um Tickets für die verschiedensten karnevalistischen Veranstaltungen, wie Herrensitzungen, Bälle und gemischte Sitzungen mit Damen, zu bekommen. So war Albert Hartwig schon als Kind von seinem Onkel eingekleidet worden und im Karnevalszug dabei gewesen. Er hatte ihn auch manchmal in die „Bütt" geschickt, wo Albert schon mit acht oder neun Jahren kleinere Vorträge hatte halten können. Er war von Natur eine Frohnatur, oft ein Mittelpunkt unseres Freundeskreises, sorgte immer für Unterhaltung, Spaß, Humor und Witze.

Wenn meine Frau, die eine perfekte Gastgeberin ist, und ich gemeinsam zu Karneval einluden, übernahm meine älteste Tochter Miriam oft und gerne die Vorbereitung und die Dekoration des Hauses. Ihr hoher Anspruch an sich selbst führte dazu, dass Miriam manchmal bis fünf oder sechs Uhr morgens mit dem Schmücken unseres Wohnzimmers beschäftigt war. Ihr war es nie perfekt genug, für uns aber stets bewundernswert. Ein Beispiel für ihr künstlerisches Talent, das sie von ihren Großeltern geerbt haben muss, sind auch die von ihr gestalteten Einladungen für diese Feste.

Auch meinen 50. Geburtstag haben wir mit einem wunderbaren Fest gefeiert, das meine Kinder für mich organisiert hatten. Hier fasste ich den Entschluss, ab nun meine häufige und lange Abwesenheit von meiner Frau und Familie durch meine Arbeit durch ein „besseres Leben" wieder gutzumachen. Diese Entscheidung, die ich später als Gelübde interpretierte, bedeutete, dass ich mir gemeinsam mit meiner Frau etwas mehr gönnen und dies mit langen Reisen verwirklichen wollte. Auch wenn Probleme in den Firmen eigentlich Grund genug gewesen wären, viele Reisen im letzten Moment abzusagen, wie es viele andere machen, habe ich unsere Reisepläne immer durchgezogen und bin erholt und voll Freude am neu Erlebten gestärkt nach Hause gekommen. Dort konnte ich immer wieder feststellen, dass ich meinem Unternehmen eigentlich nicht gefehlt habe, dass alles, was ich in dieser Zeit verpasst hatte, aufgearbeitet werden konnte. Zwar sind während meiner Abwesenheit auch viele böse Dinge geschehen; aber sie wären auch gelaufen, wenn ich da gewesen wäre.

Die erste dieser größeren Reisen nach meinem Gelübde führte Katharina und mich nach Los Angeles, wo wir meinen Bruder Hermann besuchten. Zwei besondere Erlebnisse prägten diesen ersten Besuch. So besuchten wir Cabo San Luca, das an der südlichsten Spitze der kalifornischen Halbinsel liegt, welche ähnlich einem langen Finger gemeinsam mit Mexiko eine große Bucht begrenzt, und aufgrund ihrer großen Fischbestände als „El Dorado für Angler" galt. Dort gab es neben Hotels auch Fischerbote und Yachten, mit denen man auf das Meer hinausfahren und angeln konnte. Vor allem versuchte man dabei natürlich, möglichst große Fische zu fangen – am liebsten den Marlin. Dies ist meinem Bruder und mir zwar nicht gelungen, dennoch hatten wir einige Erfolge aufzuweisen,

So fuhren wir am ersten Tag mit einem Boot mit zwei Sitzen und Riemenbefestigungen, die dazu dienten, sich beim Kampf mit einem großen Fisch festhalten zu können, auf die See hinaus. Unser Kapitän schiffte uns dahin, wo mehrere andere Boote zusammen gekommen waren. Denn ihre Konzentration bedeutete ihm, dass es dort Fischschwärme geben müsste und daher auch die Chance, erfolgreich zu angeln. Weil das Meer an diesem Tag unruhig war, bewegte sich das Boot heftig, und mein Bruder, der schon oft als Angler erfolgreich und als Hochseeangler unterwegs gewesen war, wurde auf einmal völlig unerwartet seekrank und hing über der Reling. Als das Ausschlagen seiner Angel jedoch plötzlich anzeigte, dass ein Fisch angebissen hatte, saß Hermann sofort wieder an der Angel und kurbelte den Fisch an Bord; von seiner Seekrankheit war in diesem Augenblick nichts mehr zu spüren. Kaum war der Fisch jedoch gesichert und versorgt, kam die Übelkeit zurück, und Hermann bestand auf der sofortigen Rückkehr an Land. Ich musste nachgeben und so erst einmal auf ein eigenes Erfolgserlebnis als Angler verzichten.

Während mein Bruder sich an Land erholte, fuhr ich mit nun meinem Kapitän jedoch noch einmal hinaus, blieb aber in den landnahen Bereichen, wo ich als kleines Trostpflaster zwei oder drei mittelgroße Fische angelte. Als ich dann ebenfalls zurückkehrte, ließ sich Hermann gerade in der Position eines großen Anglers neben einem riesigen Marlin fotografieren. Marlins zu fangen war damals in Cabo San Luca eine beliebte Freizeitbeschäftigung, die oft in turnierähnlichen Wettbewerben ausgetragen wurde. So wurden die erbeuteten Fische an Land hochgezogen, gemessen und gewogen. Der größte Fisch war die Trophäe, sein Angler Sieger des Turniers. Und in eben dieser Pose ließ sich nun mein Bruder ablichten.

Am nächsten Morgen habe ich dann ein Boot für mich alleine gemietet und bin noch einmal zum Angeln aufs Meer hinaus gefahren. Diesmal war mir das Glück hold: Es gelang mir, zwei Fische zu angeln. Gewohnheitsmäßig zog der Kapitän beiden Fischen ein Seil durch die Kiemen und zog sie so hinter dem Boot her ans Land. Als wir dort ankamen, war jedoch keiner von Beiden mehr am Strick – sie hatte wohl der Marin gefressen.

Vor und während dieser Reise in die USA hatten meine Frau und ich eine zweiwöchige Karibikfahrt mit der „Sun Viking", einem sehr großen Schiff der Luxusklasse, gebucht. Zu dieser Reise hatte ich auch meinen Bruder und seine Frau sowie meinen Partner Günther Bechtholdt und seine Frau eingeladen, die in Miami zu uns stießen und dann gemeinsam mit uns weiter reisten. Unsere erste Seereise, die wir auf diesem amerikanischen Schiff verbrachten, hat meiner Frau und mir sehr gut gefallen und animiert, in den folgenden Jahren mindestens einmal mit dem Schiff zu verreisen. So fuhren wir auf unserer nächsten Reise von Genua aus durch den Suez-Kanal zu den Inseln des Indischen Ozeans. Von dort ging es zurück nach Afrika, wo wir noch eine Safari machten.

5. Ausbildung und erste Berufstätigkeit

Nach meiner Rückkehr aus der englischen Kriegs-gefangenschaft und trotz meines Erlebnisses der Liebe auf den ersten Blick lebte ich mich nur lang-sam wieder in meinem Heimatdorf ein und erlebte, mit welchen Schwierigkeiten meine Familie wäh-rend meiner Abwesenheit hatte fertig werden müs-sen. Ich versuchte, an alte Kontakte zu Freunden und Bekannten wieder anzuknüpfen und erkundigte mich gleichzeitig, ob ich meine Schulausbildung in einem Jahres-Sonderkurs mit dem Abitur abschlie-ßen konnte, wie man uns in unserer Zeit bei der Flak garantiert hatte. Dabei traf bei einem Besuch an meinem alten Gymnasium jenen Studienrat Alt-mann wieder, der uns damals auf dem Feld unter-richtet hatte. Nun war er Direktor unserer Schule. Statt mir einen Weg für den Wiedereinstieg zu wei-sen, wie ich es von ihm erwartet hatte, riet mir Alt-mann jedoch, eine Stelle bei einem Landwirt anzu-nehmen. Denn Altmann war zu dieser Zeit angesichts des kursierenden Morgenthauplans, der vorsah, die Industrie zu zerstören und Deutschland in einen Agrarstaat zu verwandeln, derart frustriert und pessimistisch, dass er hierin die einzige Mög-lichkeit einer zukunftsweisenden Ausbildung sah. Also kehrte ich zurück zu meiner Schwester und meinem Schwager, die einen landwirtschaftlichen

Betrieb bewirtschafteten. Dort begann ich nach dem späten Winter 1946/47 mit der Bestellung.

Auf dem Hof hatte ich eine kleine Kammer, in der ich übernachten konnte – und ein Rattenproblem. Denn meine Kammer grenzte an der einen Seite an den Getreideboden, auf der anderen Seite an den Wohnbereich des Betriebs und diente den Ratten damit gewissermaßen als Transferbereich: Sie wechselten nachts vom Speicher in die Wohnung, um an die Wasserstelle im Bad zu kommen. Die Ratten hatten den Hof in einer derart großen Zahl in Beschlag genommen, dass wir regelrechte Jagden auf sie veranstalteten. So stellten wir Fallen auf und beobachten, wie sie an das dort deponierte Futter gingen. Nachdem die Falle zugeschnappt war und der Drahtkorb sie gefangen genommen hatte, erschossen wir sie mit dem Jagdgewehr Stück für Stück. Besonders erfolgreich waren wir, wenn wir die Ratten überfallartig im Speicher jagten. Dazu war es nötig, dass wir die Standorte vorher genau einteilten und uns mit Knüppeln und Eimern bewaffneten. Dann musste alles ganz schnell gehen: Wir machten das Licht an, bezogen Stellung, warteten den Fluchtweg der ungeliebten Nager ab und schlugen dann zu. Jedes Mal fielen uns dabei mehrere Eimer mit Ratten zum Opfer.

Zwar haben mich die Ratten aufgrund meiner Erfahrungen in der Kriegsgefangenschaft nicht besonders gestört, als mich aber einmal mein Freund Heini, den ich in England kennengelernt hatte, auf dem Hof besuchte, war er schockiert. Und so wurde ich nachts plötzlich von seinen Schreien wach. Ich ging ihm nach und fand ihn im Bad, wo er mit

Panik in den Augen auf dem Toilettendeckel stand und mir nur „Ratten!" zurief. Sofort habe ich die Tür hinter mir geschlossen und ihn gefragt, wo sie denn seien. „In den Bademänteln", antwortete er. Also drosch ich mit einem Knüppel auf die Bademäntel ein, aus denen schließlich zwei oder drei tote Nager herausfielen. Ob mir weitere entgangen sind, weiß ich nicht. Jedenfalls konnte ich Edi damit aus seiner Not retten.

Während meiner Tätigkeit im Betrieb meines Schwagers hatte ich ständigen Kontakt zu meiner unlängst gefundenen Liebe. Denn Katharina arbeitete auch auf seinem Hof und leistete ein freiwilliges Landwirtschaftsjahr. So sahen wir uns oft und konnten uns am Wochenende auch treffen, sodass wir uns einander annähern und uns besser kennenlernen konnten.

Kurze Zeit später wurde mir eine Stelle in der Landwirtschaftskammer Grevenbroich angeboten, die in dieser Zeit sowohl für die Landwirtschaft selbst als auch für ihre Produkte zuständig war und die Höfe danach kontrollierte, ob sie die Produktionspläne und Auflagen einhielten. Daneben betreute und beriet die Kammer die Bauern. Mir fiel es zunächst nicht leicht, meinen Job an der frischen Luft für eine Schreibtischtätigkeit aufzugeben. Mein Kollege, der mir gegenübersaß und ein Kriegsversehrter war, unterstützte mich jedoch. So ließ er mich schlafen, wenn ich während der Mittagspause an meinem Schreibtisch eingenickt war. Oft wachte ich erschrocken auf und sah ihn bei der Arbeit.

Inzwischen hatte ich einen Platz für einen Abiturkurs am Kölner Dreikönigsgymnasium bekommen. Und so fuhr ich ab Anfang 1948 regelmäßig in die Stadt, um mit etwa 25 anderen am Sonderkurs für Kriegsheimkehrer teilzunehmen. Unter ihnen war auch mein Freund Jean, der mir einen Job bei Bayer Leverkusen vermittelte. Da es ihm auch gelang, Katharina eine Stelle als Laborassistentin zu vermitteln, konnten wir wieder viel Zeit gemeinsam verbringen. Gleichzeitig lernte ich für mein Abitur. Dabei machten mir die technischen Fächer und der Englischunterricht keinerlei Schwierigkeiten; deutlich weniger leicht fiel mir dafür das Lateinische. So habe ich bei meinem Lateinlehrer private Nachhilfestunden genommen, die ich dann mit einer kleinen Speckseite oder ähnlichem bezahlte. Naturalien wie diese waren nämlich in der Stadt noch wesentlich wertvoller als auf dem Land. Hätte mein Studienrat mir in der mündlichen Abiturprüfung keine fühlbare Hilfe gegeben, hätte ich wohl nicht bestanden. So bin ich jedoch mit einer Fünf im Abiturzeugnis durchgekommen.

Später habe ich dann festgestellt, dass dieses und andere Zeugnisse und Qualifikationen im Leben nicht von Bedeutung sind, wenn man selbständig arbeitet. Jedoch habe ich bedauert, dass ich in meinem Studium an der Technischen Hochschule Aachen sofort technische Fächer wie Maschinenbau belegt habe, anstatt Architektur zu studieren. Dass hierfür eine Begabung in mir schlummerte, habe ich damals nicht erkannt. So wurde ich – ohne eine besondere Ausbildung – Kaufmann und Baufachmann.

In Aachen hatte ich eine winzige Wohnung, die nur vier Quadratmeter groß aber mit einem kleinen Schreibtisch, einem zu kurzen Bett und einer Nische, die als Schrank diente, ausgestattet war. Geheizt wurde mit einem Kohleofen, für den die Briketts unter der Treppe des Hinterhauses lagen. Als besonders schön ist mir in Erinnerung, dass meine Wohnung in der Nähe der Schokoladenfabrik lag, sodass ich Tag und Nacht den herrlichen Kakaoduft genießen konnte.

Da ich über kein eigenes Geld verfügte und auch mein Vater mich aufgrund seines kleinen Dorfschullehrergehalts finanziell nicht unterstützen konnte, musste ich mir mit kleinen Jobs neben meinem Studium etwas hinzuverdienen. So vermittelte mich die Studentenbörse in eine Stelle am Aachener Dom, wo ich mich nicht nur mit einem Prälaten anfreundete, sondern auch mit einigen Volksschülern zusammen an den Ausgängen des Doms Heiligenbildchen verkaufte. Dafür erhielt ich einige Prozent des Umsatzes. Eines Tages fand ich dann am Schwarzen Brett der Hochschule eine Einladung von einem Reisebuchhändler. Deren Text war so vielversprechend, dass ich an dem Treffen teilnahm. Und so lernte ich einen Mann mit großem Verkaufstalent kennen, der nicht nur selbst einen großen Umsatz mit seinen Büchern erzielte, sondern auch seine Mitarbeiter zu begeistern verstand. Auch mich zog er so in seinen Bann, dass ich in der Mittagspause den mit mir befreundeten Prälaten besuchte, der mir dann tatsächlich über die Bistumsverwaltung meinen ersten Auftrag erteilte. Als ich zurückkam, legte unser Verkaufsleiter die Quittungen für sechs oder sieben Buchverkäufe vor, um seinerseits zu beweisen, welch großen Erfolg man binnen drei Stunden erzielen könne. Ich war begeistert: Immerhin betrug unsere Provision 25 % des Verkaufspreises, und auch wenn Ratenzahlungen vereinbart waren, wurden die Provisionen schon bei Abschluss ausgezahlt.

Nur einen Haken hatte die Mitarbeit in diesem Geschäft: Man konnte nur dann einen Vermittlungsvertrag mit der Reisebuchhandlung abschließen, wenn man gleichzeitig ein dreibändiges Lexikon, den „Neuen Herder" kaufte. Da man ihn anschließend wieder verkaufen durfte, war das Risiko jedoch abschätzbar. So begann ich in den Semesterferien, Bücher zu verkaufen, und konnte schon nach wenigen Wochen meinen Ferienjob bei Bayer aufgeben, um mich allein meiner Vertretertätigkeit zu widmen. Dabei boten sich mir viele einmalige Chancen, die bereits wenige Jahre später unmöglich geworden waren. Damals aber war es noch möglich, innerhalb einer Firma während der Dienstzeit der Angestellten Bücher zu verkaufen. So kam ich in eine Maschinenfabrik, in der sowohl kaufmännische als auch technische Ingenieure arbeiteten, und kämmte zunächst den kaufmännischen Bereich vorsichtig durch. Zwar interessierten sich die Kaufleute wenig für meine Produkte; dennoch gab es kaum ein Zimmer, das ich nicht mit wenigstens einem neuen Auftrag verließ. Die Techniker arbeiteten hingegen zu 20 bis 30 Männern in großen Sälen an Planungsgeräten und Tafeln. Natürlich hatte sich längst herumgesprochen, was ich zu verkaufen hatte, und so musste ich nicht alles bei jedem einzelnen Interes-

senten vorstellen, sondern konnte oft direkt erste
Aufträge notieren. In den drei oder vier Tagen, die
ich so in der Maschinenfabrik verbrachte, verkaufte
ich so viel, dass ich damit mein nächstes Semester
komplett finanzieren konnte. Außerdem beschloss
ich, mein Angebot zu erweitern und auf die Nachfrage der Ingenieure auszurichten. In der Folge ar-
beite ich zusätzlich für die Herdersche Buchhand-
lung und einen Großhandel für technisches Gerät.
Was mir in diesen ersten Semesterferien aufgrund
des damals noch offenen Zugangs in die Büros leicht
fiel, gestaltete sich schon in den zweiten schwieri-
ger.

Natürlich brauchte ich jetzt auch, schon um für
meine Vertretertätigkeit mobil zu sein, ein eigenes
Auto. Und tatsächlich fand ich bei meinem Lieblingsonkel Johann, der inzwischen pensioniert war
und sein Süßwarengeschäft abgegeben und verpach-
tet hatte, das Objekt meiner unerfüllten Träume:
einen alten Ford Eifel mit Drahtspeichenrädern,
Baujahr 1936. Schließlich verkaufte Johann mir das
Auto, mit dem ich schon als Kind mit ihm gefahren
war, um Süßigkeiten zu verkaufen, für 200 Mark.
Ohne dass ich schon einen Führerschein hatte, übergab er mir den Schlüssel, und fuhr wir nach Hause.
Mit großer Liebe und Sorgfalt habe ich mein Auto
zwei Mal angestrichen und so wieder verschönert.
Dann brachte ich mir das Autofahren bei.
Bereits nach hundert Kilometern war es nötig,
den Wagen mit 10 l Benzin und einem Liter Öl zu
versorgen. Doch ich bin mir sicher, er hätte auch
zwei Liter Öl für die gleiche Strecke verbraucht, hätte

ich sie ihm gegeben. Natürlich lief der Motor nicht rund, sondern muckte ständig auf, sodass ich erst langsam lernte, mit ihm zurechtzukommen. So musste man mit einem Fläschchen, das aus dem Tank gefüllt wurde, zum einen an den Verteiler, zum anderen an einer weiteren bestimmten Stelle Benzin in den Motor füllen, um starten oder weiterfahren zu können. Außerdem hatte er – wie früher auch die Motorräder – einen Stiftschlüssel, der gleichzeitig auch benötigt wurde, um Stand-, Nah- und Fernlicht zu betätigen. Wenn man nun Nah- und Fernlicht einschaltete, konnte es passieren, dass der Schlüssel herausrutschte, was sofort eine Fehlzündung verursachte und außer einem gewaltigen Knall auch einen sichtbaren Feuerausstoß zur Folge hatte. Das brachte meinem Auto den Spitznamen „Feuriger Elias" ein.

Trotz seiner Macken diente mir mein Auto treu als Dienst-, Privat- und Spaßfahrzeug. Und so bediente ich mich seiner, als mich der Herder Verlag, für den ich damals tätig war, nach Freiburg einlud, damit ich Produktion, Vertrieb und Geschäftsleitung besser kennenlernen konnte. Auch auf dieser Tour verzichtete Elias nicht auf seine feurigen Ausstöße, was aufgrund der Dunkelheit auch den anderen Autofahrern nicht verborgen blieb. Nicht wenige überholten und daher aufgeregt winkend, um uns darauf aufmerksam zu machen. Um die anderen zu beruhigen, haben wir dann jedes Mal vorsichtig abgebremst, haben die Hilfswilligen weiterfahren lassen und sind dann mit unserem Elias weiter Richtung Freiburg gefahren, wo man uns schon erwartete. Nachdem wir einige Zeit abgewartet hatten, in der der Pförtner uns bei der Geschäftsleitung anmeldete, fuhren wir mit viel Getöse auf den Innenhof des Verlagsgebäudes – sehr zum Amüsement der dort stehenden Belegschaft. Nach dem Gespräch mit den Geschäftsführern empfohlen diese uns, in den Schwarzwald zu fahren. Da uns jedoch der Mut fehlte, diese Tour mit unserem Feurigen Elias zu fahren, liehen sie uns einen VW Standard. Mit diesem fuhren wir dann sehr vornehm und froh in den Schwarzwald, um uns einige Sehenswürdigkeiten anzuschauen. Ich kam mir vor wie ein Herr aus hochherrschaftlichem Hause und genoss die Fahrt in diesem wunderschönen Auto. Auf der Heimfahrt von Freiburg zurück ins Rheinland haben wir dann aber doch noch mit Elias einen Abstecher nach Heidelberg gewagt. Dabei sind wir allerdings am Heidelberger Schloss jämmerlich gescheitert. Denn Elias war der Anstieg dorthin zu steil und er ließ angesichts des Gewichts seiner Ladung, die nicht nur aus meinem Schwager und mir, sondern auch aus zahlreichen Koffern meines Bruders bestand, die Flügel hängen. So mussten wir aufgeben und umkehren.

Auf einem Ausflug mit Freunden kam dann jedoch das endgültige Aus für unseren feurigen Begleiter. Eine weitere seiner Macken war nämlich, dass die Vorderachse mit einer Dreiecksstange unter dem Boden in einer Kugel befestigt war. Fuhr man nun etwas zu ruckartig rückwärts, konnte es geschehen, dass die Stangen aus der Kugel herausrutschten und dann wieder hineinmanövriert werden mussten. Das war nicht leicht und erforderte einige Übung. Auf der Rückfahrt von jenem Ausflug hielt ich nun vor

dem Hof, legte den Rückwärtsgang ein und gab Gas
– und mit einem großen Ruck brach Elias mitten-
durch. Uns blieb nichts mehr, als auszusteigen und
den zerborstenen Elias zu verlassen.

Entweder durch einen persönlichen Kontakt oder
durch den Abschluss eines Bausparvertrags – so
genau weiß ich das heute nicht mehr – lernte ich
schließlich den Bezirksleiter der Bausparkasse der
Rheinprovinz (später: Landesbausparkasse) kennen.
Er bot mir an, für ihn zu arbeiten, und versprach
mir einen Teil der Provisionen. Bausparverträge
waren sehr lukrative Sparverträge. Sie wurden öffentlich gefördert, sodass zu den einfachen Zinsen
auch noch staatliche Zuschüsse kamen. Überdies
erhielt man für nur 4,5 % Zins einen Kredit, was
deutlich billiger als bei jeder Sparkasse oder Bank
war. Da ich schnell erfolgreich war, überließ mir die
Führung der Bausparkasse die Bezirksleitung in
Grevenbroich und stellte mir ein Büro und eine
Sekretärin zur Verfügung. Rasch waren die Nachfrage und der Zulauf so groß, dass meine Existenz
gesichert war und ich ans Heiraten denken konnte,
was, wie beschrieben, auch bald geschah.

Mein neuer Beruf gefiel mir und brachte mein
Verkaufstalent, das sich bereits während meiner
Tätigkeit als Buchvertreter angedeutet hatte, offen
zu Tage. Denn meist war es so, dass die Bausparer
auch bauen wollten. Oft kamen sie daher zu mir
und baten mich, ihnen bei der Suche nach einem
Grundstück und z. T. auch bei der Planung, Finanzierung und Durchführung ihres Bauvorhabens zu
helfen. Wie so oft im Leben, eröffnet sich eine Chan-

ce, wo plötzlich Bedarf für etwas entsteht. Und so hatte mein Partner ein Angebot des so genannten Binderhauses, das ein Unternehmer aus Karlsruhe auf den Markt gebracht hatte. Sowohl für uns als auch für die potenziellen Häuslebauer war es hochinteressant, da es fix und fertig inklusive aller Steuern nur 37 500 Mark kostete und über einen idealen Grundriss verfügte: Im Erdgeschoss befanden sich Wohnzimmer, Esszimmer, Küche und eine Gästetoilette, im Obergeschoss drei Schlafzimmer und ein weiteres Bad. Damit bot es genug Platz für eine Familie mit zwei Kindern. Groß war die Wohnfläche im Inneren vor allem dadurch, dass das Dach sehr steil war und die Giebelwände etwas nach außen gezogen waren, wodurch ein hoher Drempel entstand.

So erweiterte ich mein Geschäft. Denn nur selten konnte ich eines der Binderhäuser für ein bereits bestehendes Grundstück verkaufen; vielmehr war es nötig, dem Interessenten auch ein passendes Grundstück zu vermitteln. Mein erstes Bauprojekt startete ich in meinem Heimatort, wo ich zunächst für acht Häuser ein Grundstück fand, das ich dann verplante, in das Genehmigungsverfahren brachte und dann einzeln verkaufte. Die Baugenehmigungen waren natürlich auch damals schon von der Existenz eines Bebauungsplans abhängig. Jedoch gab es unter den Verhältnissen des Wiederaufbaus noch nicht die Planungsvorschriften und Verfahren von heute, wo es bis zu acht Jahren dauern kann, bis man einen rechtskräftigen Bescheid erhalten hat. Damals aber reichte der so genannte „Sichtvermerk" des Regierungspräsidenten, der über das Bauamt

der Stadt bei der Bezirksregierung in Düsseldorf
eingeholt werden musste. Dafür beauftragte man
zunächst den für die Stadt zuständigen Städtepla-
ner, mit dem man dann einen privaten Planungs-
vertrag und einen Auftrag abschloss, die entsprechenden Genehmigungen einzuholen. Da dies
meistens innerhalb von nur zwei bis drei Monaten
geschah, konnte man sehr rasch mit der Vermark-
tung der Grundstücke beginnen. Die Nachfrage war
so groß, dass ich von diesem ersten Projekt immer
wieder neue Grundstücke suchen, planen, geneh-
migen lassen und dann verkaufen konnte. Damit
begann meine Tätigkeit als Bauträger ohne eigenes
Engagement: Ich vergab die Aufträge an Bauunternehmen zum Bruttopreis und stellte dann den Vertrag zwischen dem Bauherrn und dem Bauunternehmer direkt her, ohne für dieses Geschäft extra
eine eigene Firma gründen zu müssen. Doch mit
der Zeit wuchs der Umfang dieses Geschäfts und
schließlich schloss ich mich mit meinem Düsseldorfer Kollegen zu einer Grundstücksgesellschaft zusammen.

Wir teilten unsere Aufgaben so auf, dass er den
kaufmännischen Bereich leitete und ich die Leitung
des Vertriebs übernahm, den ich dann mit weiteren
Verkäufern und Mitarbeitern ausbaute. Auch die
Abwicklung während der Finanzierung, die Be-
aschaffung und Durchführung der Bauten lagen in
meinen Händen. Wir trennten uns von der Karlsru-
her Gesellschaft und schlossen stattdessen direkt mit
dem Erfinder und Architekten des Binderhauses
einen Vertrag über die Nutzung seiner Baupläne ab.
Zwar lief das Geschäft gut, aber dennoch wurden

wir Opfer eines Betrugs, der von einem unserer besten Verkäufer ausging. Er beschaffte sich auf unsere Kosten und die unserer Kunden Sondereinkünfte aus den Verträgen und Vermittlungen, was wir trotz Quittungen nur schlecht nachweisen konnten, da er mitunter das Geld bar kassiert hatte. So erwies die Untersuchung letztlich, dass er einige Tausend Mark unterschlagen hatte – eine Tatsache, die mein Geschäftspartner als so gravierend einschätze, dass er daran dachte, sich selbst anzuzeigen. Als er das tatsächlich tat, wurde der Betrug verfolgt und unsere Kunden, deren Namensliste mein Partner leichtfertig herausgegeben hatte, befragt, ob sie sich durch unsere Firma geschädigt fühlten. Wenn man eine Frage wie diese so suggestiv stellt, finden sich natürlich immer Kunden, die sich benachteiligt vorkommen, auch wenn dies aus meiner Sicht nicht der Fall war. Der eigentlich im begrenzten Rahmen zu haltende finanzielle Verlust unserer Firma wurde dadurch jedoch zum Flurschaden, den mein Geschäftspartner nicht mehr zu beherrschen vermochte. Wir stritten uns und trennten uns geschäftlich. Während er unser altes Unternehmen abwickelte, machte ich mich als Baufinanzierungskaufmann mit einem Immobiliengeschäft selbstständig. Da unser persönliches Verhältnis unsere beruflichen Differenzen weitgehend unbeschadet überstanden hatte, hielt ich mit meinem neuen Geschäft nicht nur mich, sondern auch die Familie meines ehemaligen Geschäftspartners über Wasser. Nach der Schlussabrechnung des Konkursverfahrens blieben 10 000 Mark als Schaden übrig, die wir einzahlten, um das Verfahren zu beenden.

In meinem neuen Büro setze ich das Geschäft mit den Binderhäusern fort, begann aber gleichzeitig auch, andere Immobilienprojekte zu entwickeln. Dabei kam ich in Kontakt mit einer Firma vom Niederrhein, deren Geschäftsführer der Architekt und Kaufmann Felix Reuter war. Wie in meiner Anfangszeit als Immobilienkaufmann arbeitete ich auch hier wieder ohne eigenes finanzielles Engagement, da Reuter Gesellschaft das Risiko als Bauträger übernahm.

Neben seiner kaufmännischen Begabung, die uns vor allem in der Sicherung und Planung der Grundstücke, im Verkauf der fertigen Häuser und der Finanzierung zugute kam, hatte Reuter ein gutes Gespür dafür, wie man Wohnflächen am effektivsten nutzen und die Verteilung der Räume auf die Bedürfnisse der Kunden ausrichten konnte. Ich bin mir sicher, dass man bereits beim Hineingehen in ein Haus sehen kann, ob es von meinem Geschäftspartner geplant wurde: Muss man sich in die Gästetoilette buchstäblich hineinschrauben und die Knie stoßen beim Sitzen gegen die Tür, handelt es sich garantiert um einen seiner Entwürfe.

Schließlich verlagerte ich mein Geschäft von Düsseldorf nach Rheidt, wo ich ein neues Büro gründete und immer größere Grundstücke erschloss und bebaute. Die Umsätze stiegen stetig. Denn wir hatten mit dem sozialen Wohnungsbau für uns eine Vertriebsnische entdeckt. Heute haben die Menschen mehr Mut, mit dem „Amt" umzugehen und selbst Auskünfte einzuholen; damals aber hemmte sie die schon über Jahrzehnte bestehende und in der Hitlerzeit intensivierte Abhängigkeit vom „Amt".

Ihre Hilflosigkeit zeigte sich ganz deutlich in einem Erlebnis unseres damaligen Oberkreisdirektors. Dieser hatte, als er in sein Büro geeilt war, eine lange Schlange von wartenden Leuten gesehen und sie gefragt, worauf sie warteten, worauf diese sagten, sie seien noch nicht dran. Im Büro stellte er dann fest, dass der Beamte Zeitung las oder sich mit etwas Anderem beschäftigte. Dass er darauf den Angestellten dahingehend belehrt hatte, dass er keine Machtperson sei, sondern für die Bürger sorgen solle und sich nach deren Bedürfnissen zu richten habe, war damals eine kleine Sensation. Diese sprach sich herum und hatte dann auch in anderen Kreisverwaltungen ein verstärktes Servicebewusstsein zur Folge. In einer Zeit, in der dies noch nicht selbstverständlich war, bestand unsere Marktlücke also darin, für den zukünftigen Bauherrn die Baugenehmigung einzuholen. Damit erweiterte sich mein Einkommen, das sich bislang aus den Erträgen der Grundstücksverwertung gespeist hatte, um die Beratungshonorare der Bauherren.

Wir vermarkteten unsere Dienstleistungen, indem wir in den Dörfern Besprechungszimmer für unsere Beratungen in den Gaststätten anmieteten. Die Nachfrage war groß, sodass wir oft bis 22 Uhr oder später arbeiteten – mit Erfolg. Meist konnten mein Mitarbeiter und ich nach einer oder zwei Stunden Beratung einen Vertragsabschluss feiern; an manchen Wochenenden gingen wir sogar mit acht oder zehn unterschriebenen Verträgen und den entsprechenden Anzahlungen in der Tasche nach Hause.

Der große Erfolg beflügelte uns, wurde aber bald von der Rechtgebung erschwert, denn nach und gewann die Verwaltung wieder Oberhand und die Antragstellung wurde durch neue Gesetze und die neuen Baugenehmigungsverfahren komplizierter und dauerten wesentlich länger. Manchmal dauerte es nun fünf bis zehn Jahre, bis eine rechtskräftige Genehmigung vorlag.

6. Das Abenteuer Minderzhagen

Zu den Eigenschaften, die ich von meiner Mutter geerbt habe, gehört sicherlich auch meine Reiselust. So bin ich mit meiner Frau, den Kindern und unseren Freunden viel weggefahren – in die Eifel, nach Italien und Frankreich besonders häufig aber nach Spanien. Dort hieß es zu jener Zeit, die Deutschen ließen ihren Verstand an der Grenze zurück und kauften alles, was nicht niet- und nagelfest ist. Tatsächlich ging es uns ähnlich. So fanden wir schon bei unserem ersten Besuch an der spanischen Costa Brava – das war im Jahr 1961 – ein kleines Feriendorf mit dem für uns symbolträchtigen Namen „Katharina und Sigismund Ferienbungalows". Es gefiel uns gut, und so waren Albert und ich schon nach wenigen Tagen nur noch unterwegs, um ein passendes Grundstück oder Haus für uns zu finden, was uns am Ende unseres zweiwöchigen Aufenthalts wirklich gelang, sodass wir bereits einen Vorvertrag abschließen konnten. Während Albert nach Hause fuhr, um das notwendige Geld für den Kauf zu überweisen, blieb ich noch acht Tage in Spanien, um mithilfe seiner Vollmacht die notariellen Angelegenheiten zu erledigen. Unser erster Besuch hatte mich so in seinen Bann gezogen, dass ich kurze Zeit später einen ganzen Berg mit herrlichem Meerblick für wenig Geld gekauft habe, um dort eine Feriensiedlung aufzubauen.

Als ich wieder zu Hause war, beschloss ich, die Idee und Tatsache, dass es Hunderttausende von Deutschen gab, die jedes Jahr an die Spanische Küste fahren, um dort ein Ferienhaus zu kaufen, in Deutschland auch für mich zu nutzen. Wenn so viele Menschen bereit waren, viel Geld auszugeben, um ein oder zwei Mal im Jahr für zwei Wochen in einem Haus wohnen zu können, das sie nur nach 1 500 km mühevoller und anstrengender Reise erreichen konnten, dann musste sich dieses Erfolgsmodell auch auf Deutschland übertragen lassen. Bald fing ich an, den Ort zu suchen, an dem sich mein Ferienprojekt am besten würde verwirklichen lassen.

Recht schnell erhielten mein Partner Theo Renske, den ich bereits aus anderweitigen Unternehmungen kannte, und ich die Chance, ein Grundstück in der Nähe der niederländischen Grenze zu kaufen, das einer niederländischen Familie gehörte und unsere Bedingungen erfüllte: Es war groß genug für mindestens 400 Einheiten und hatte einen Wald aufzuweisen. Alles schien so weit klar, bis sich der Direktor der Gemeinde, in der dieses Grundstück lag und die meine Idee anfangs gefördert hatte, sich auf einmal selbst für es interessierte. Denn dort sollte nach dem Willen der Gemeinde eine Panzerreparaturwerkstatt und mit ihr einige Arbeitsplätze entstehen, weshalb man uns bat, den Grund an den Bund zu verkaufen. Wir stimmten grundsätzlich zu und verkauften das Grundstück mit einem netten Gewinn, stellten jedoch die Bedingung, für unser Projekt ein ähnliches Areal hier oder in der Nachbargemeinde kaufen zu können. So fanden wir Minderzhagen.

Leider erkannten wir erst nach Vertragsabschluss, wie problematisch der Boden beschaffen war. Denn jetzt zeigte sich, dass der gesamte Bereich, den wir zur Bebauung ins Auge gefasst hatten, eine Auenlandschaft war und den typischen Verlauf eines Niederlandflusses mit metertiefen Sümpfen aufwies. Manchmal gelang es uns nicht einmal, mit zwei langen Bohnenstangen bis auf den Grund zu stoßen. Dadurch war das Grundstück so feucht, dass wir unsere Zufahrt „Nasse Straße" nannten; bei Regen war es nicht möglich, sie mit einem Fahrzeug zu befahren. Stattdessen mussten wir einen Weg durch einen anderen Ort über einen kleinen Berg nehmen. Auch auf dieser Seite war das Wiesental jedoch nass und feucht. So wechselten wir am Fuße des Berges unsere Straßen- und Arbeitsschuhe gegen Regenstiefel ein, mit denen wir dann hinüber in den Wald – oder zumindest den Ort, wo der eigentliche Wald stehen sollte – wateten. Es stellte sich auch nämlich heraus, dass es abgesehen von einigen Kiefern keinen nennenswerten Bewuchs gab. Den besten Teil des Gehölzes hatte obendrein der Förster der Gemeinde abgeholzt, bevor wir auf es zugreifen konnten.

Trotz der widrigen Umstände fanden wir den Mut, mit der Planung und Erschließung unseres Projekts zu beginnen. Dabei hatten wir Glück. Denn als wir zu dieser Zeit anfingen, die Bebauung zu planen und mit den Behörden einen Bebauungsplan zu diskutieren, herrschte noch immer der Wiederaufbauwille der Nachkriegszeit. Entsprechend wurden uns die Genehmigungen von Gemeinde, Kreis, Regierungspräsident und Landesregierung rasch erteilt, was die Planungen sehr erleichterte. So errichteten wir bald das erste Stück Straße und an ihrem Ende vier Musterhäuser, die auch die geplanten Wege und Garagen aufwiesen. Von Letzteren zweigten wir einen kleinen Teil ab, um dort den Gastank unterzubringen. Zwar wollten wir die Ferienhäuser eigentlich mit Nachtspeicherheizungen ausrüsten, doch erwies sich dies als nicht möglich, da das Elektrizitätswerk hierfür nachts nicht genug Strom bereitzustellen in der Lage war.

Bei den Vorbereitungen der Geländeerschließung lernte ich Jakob Hürstgen lernen, einen Landschaftsplaner, der mich bei meinen Planungen unterstützte und dem ich noch heute in Freundschaft verbunden bin. Ihm verdankt das Feriendorf seine gute Infrastruktur. So entstanden neben den Ferienhäusern auch zwei Appartementhäuser, die ich „Alpha" und „Omega" nannte, da sie die ersten und letzten ihrer Art sein sollten, die ich bauen wollte. Sie behielten ihre Namen natürlich auch, als ich später weitere Appartementhäuser und Hotels plante und baute.

In dieser Zeit stieß auch Theo Renske zu uns. Er wurde Chef des kleinen Tiefbauunternehmens, das wir gründeten, um die große finanzielle Last der Erschließung nicht über Bauunternehmer tragen zu müssen, und organisierte wesentliche Abschnitte der Geländeerschließung. Damit waren wir nunmehr drei Gesellschafter: Felix Reuter war für Planung und Erschließung zuständig, Theo Renske für den kaufmännischen Bereich, und ich übernahm den

Vertrieb und die Verwaltung des entstehenden Feriendorfes. Insgesamt beschäftigten wir in dieser Zeit etwa 100 Mitarbeiter. Da im boomenden Deutschland Arbeitskräftemangel herrschte, kamen nicht wenige von ihnen als Gastarbeiter aus der Türkei, Spanien und Italien.

Um meiner Aufgabe gerecht zu werden, und unserem Feriendorf schon in der Planungsphase einen großen Bekanntheitsgrad zu verschaffen, schaltete ich eine ganzseitige Werbeanzeige in der „Bild"-Zeitung. Das war damals noch für vergleichsweise wenig Geld möglich und brachte uns einen so großen Zulauf, dass die Straßen schon ein oder zwei Kilometer vor unseren Musterhäusern versperrt und die Interessenten gezwungen waren, den Rest des Weges zu Fuß hinter sich zu bringen. Der Verkauf lief unwahrscheinlich gut und ist nach heutigen Verhältnissen kaum noch denkbar. Damals aber, in den frühen sechziger Jahren träumten viele Deutsche von einem eigenen Ferienhaus, sodass wir unsere Idee rasch umsetzen und alle Einheiten – 320 Häuser und 80 Appartements – verkaufen konnten. Dabei machten wir uns auch die besondere Konzeption unseres Park zu Nutze: Er sollte den Eltern einen Wochenend- und Alterssitz bieten, aber durch die Reiterei, die Tennisanlage, Spielplätze und einen Minigolfplatz auch für Kinder und junge Erwachsene attraktiv sein. Unser Ziel war, dass nicht die Eltern ihre Kinder drängeln mussten, mit ihnen nach Minderzhagen zu fahren; vielmehr sollten die Kinder ihre Eltern motivieren zu kommen. Dies hat so gut funktioniert, dass manche Kinder ihre Eltern direkt beim ersten Besuch auf unserem Gelände so bearbeitet haben, dass diese innerhalb weniger Stunden die Entscheidung trafen, eines unserer Ferienhäuser zu erwerben. Durch unseren Verkaufserfolg wurde unser Projekt zugleich so bekannt, dass uns andere Gemeinden ansprachen, ob wir Ähnliches nicht bei ihnen bauen wollten. So bereiteten wir die Erschließung von Parks auch in Schwarzenberg, Hohenwinkel und einigen anderen Gemeinden vor und planten bis zur Baureife. Leider mussten wir später viele Pläne mit dem Beginn der Ökobewegung aufgeben – so auch ein Projekt an einer Talsperre in unmittelbarer Nähe des Ruhrgebietes.

In Minderzhagen lief zunächst aber alles wie gewünscht. Wir bauten zügig in den Bereichen, die als normales Bauland genutzt werden konnten. Schon bald aber mussten wir feststellen, dass wir in weiten Teilen unseres Areals bereits in 50 - 60 cm Tiefe auf Grundwasser stießen. Tragfähiger Boden war nicht vorhanden, sodass wir mit armierten Bodenplatten arbeiten mussten, die Reuter für uns entwickelt hatte. Diese Platten setzten wir, nachdem der sumpfige Boden ausgekoffert und abtransportiert worden war, auf eine 40 bis 50 cm tiefe Kiesschicht, auf sie wiederum das Haus, wodurch sich das Fundament nicht senken, Risse nicht entstehen konnten.

Zwar schritt der Bau trotz der Probleme gut voran, doch überholte uns der Verkauf. So hatten wir bereits mehr als hundert Käufer, aber nur 50 fertig gestellte Häuser. Das erhöhte den Druck auf uns. Daher suchten wir nach einem Spezialisten, der auch mit den noch weitaus schwierigeren Bodenverhältnissen des Geländes fertig werden würde. Denn es gab nur wenige Stellen, an denen der Boden etwas fester war. Zudem staute eine dünne Schicht aus Ton den Abfluss der Nässe, was zu allem Elend auch noch einen säuerlichen Geruch nach sich zog, wenn man den Boden für die Bauarbeiten öffnete. Abgesehen davon zeigte sich mit Beginn des Sommers eine wahre Mückenplage, die wir zum Schutz unserer Arbeiter, so gut es nur möglich war, zu bekämpfen versuchten.

Daher gewannen wir auf Jakob Hürstgens Empfehlung den Tiefbauingenieur Willy Kötter für unser Projekt. Er stellte sich rasch als Meister seines Fachs heraus und gehörte von nun an zu unseren Bauplanungsteam. Dass wir das Nässe- und Geruchsproblem in den Griff bekamen, verdanken wir seinem Geschick und der Tatsache, dass wir unsere Wasserleitungen und Kanäle unterhalb der Tonschicht verlegen mussten, um sie vor Frost zu schützen. Dadurch senkte sich der Grundwasserspiegel. Schließlich begann auch die Vegetation wieder zu wachsen, sodass unser Ferienpark heute in einem stattlichen Wald liegt. Gleichzeitig ließen sich nun die „Nasse Straße" und die von mir als Pferdewiesen gepachteten und gekauften feuchten Wiesen bewirtschaften.

Da wir uns bei der Planung unseres Ferienparks an spanischen und amerikanischen Vorbildern orientierten, bauten wir auch eine Pforte mit Schranke. Diese sollte die Zahl der durchfahrenden Autos begrenzen, was angesichts des wahnsinnigen Zulaufs auf unsere Musterhäuser und der vielen sonntäglichen Besucher dringend notwendig war. Was zunächst eine provisorische Sperre war, bauten wir später zu einem regelrechten Tor aus, das über die Straße hinwegführte und auf der rechten Seite eine rund um die Uhr besetzte Pförtnerloge aufwies. In mehreren Schichten ließen die Pförtner nun nur noch die Eigentümer ein, die sie an unserem Aufkleber an der Scheibe erkennen konnten.

Mit der Zeit wurde uns klar, dass unser Ferienpark eine starke Verwaltung brauchen würde. Diese Aufgabe hätte ich damals gerne übernommen, doch scheiterte dies am Widerstand Einzelner scheiterte. Dennoch mussten der Pförtner und ein Verwalter finanziert werden, was – wie wir leider erst nach dem Verkauf der ersten 50 oder 100 Häuser bemerkten – nur mit einer in der Kaufurkunde festgelegten Gebühr möglich war. Also sahen unsere Verträge von nun an Verwaltungsgebühren vor, die bezahlt werden mussten. Natürlich haben die ersten Minderzhagener darauf beharrt, keine weiteren Verwaltungskosten zahlen zu müssen. Daher haben wir nach und nach alle Zusatzleistungen wie Fernsehen, Müllabfuhr und Beleuchtung abgestellt, um die Gemeinde und die Interessensgemeinschaft, die sich für die Verwaltung des Ferienparks gebildet hatte, zur Übernahme der Kosten zu zwingen. Da wir unseren Fehler nicht wiederholen wollten, haben wir in unseren späteren Ferienparks sofort mit den ersten Urkunden die Verwaltungskosten definiert und den Beitritt zur jeweiligen Interessensgemeinschaft verpflichtend festgeschrieben.

In Minderzhagen hat diese Interessensgemeinschaft, deren Vorstand in regelmäßigem Vorstand wechselt, viel Gutes bewirkt und vor allem den Zu-

sammenhalt gefestigt. So wird dort noch heute jährlich ein großes Fest gefeiert; einzelne kleinere Gruppen feiern regelmäßig innerhalb der verschiedenen
Häusergruppen. In der Anfangszeit feierten wir gemeinsam mit den Minderzhagenern in der kleinen
Reithalle, die zum Ferienpark gehörte und entsprechend bestuhlt und festlich dekoriert wurde. Ich
erinnere mich gerne daran, wie wir einmal Kölner
Karnevalisten zu einer Veranstaltung einluden, die
bis in den frühen Morgen dauerte; ein anderes Mal
erzielten wir mit einem am Spieß gebratenen Och-
sen großen Zulauf. Regelmäßig boten wir darüber
hinaus auch Busreisen nach Holland oder in weitere Entfernung an, veranstalteten in Zusammenarbeit mit einer katholischen Schule kleine Konzerte
und luden frühmorgens bei Sonnenaufgang zu so
genannten Vogelstimmenwanderungen ein. Zudem
bauten wir unserer Geschäftsidee entsprechend auch
Tennisplätze, die wir im Sommer 1967 mit einem
Showtennis-Turnier einweihen konnten. Gleichzeitig errichteten wir außer einem Kneippbecken, einem kleines Häuschen mit Sanitäranlagen und einem Kiosk auch einen Minigolfplatz und einen
Teich, über den wir eine Brücke mit Zugang ins
Wäldchen bauten. Auch hier erkannten wir erst spät,
mit welchem Boden wir es zu tun hatten. Und so
versank unser Bagger beim Auskoffern des Funda-
ments auf einmal in Zeitlupentempo im Sumpf, und
zwar so weit, dass sich der Baggerfahrer nur so gra-
de noch retten konnte. Es war viel schweres Gerät
nötig, um den Bagger später bergen und die Bauarbeiten mit tatkräftiger Hilfe des technischen Hilfs-
dienstvereins fortsetzen zu können. Natürlich feier-

ten wir die Fertigstellung unseres Freizeitgeländes angemessen und luden auch die Presse zu diesem für uns so wichtigen Fest ein. Noch in der Nacht vor der Pressekonferenz waren so viele Handwerker am Eingangshäuschen beschäftigt, dass sie sich gegenseitig im Weg standen: Die einen setzten noch die Fenster ein, die anderen führten letzte Malerarbeiten durch.

7. Mitarbeiter

Meine Idee, in Minderzhagen einen Ferienpark zu errichten, konnte ich natürlich nicht alleine umsetzten. Jedoch war es mir gelungen, meine Partner Felix Reuter – damals Gesellschafter der Familienheimbau, damit Bauträger – und Theo Renske – damals Notariatsvorsteher – für sie zu begeistern. Gemeinsam gründeten wir im Laufe der Zeit vier Gesellschaften: die Ferienheim Bau GmbH, die Ferienheim Bau GmbH & Co. KG, die Ferienheim Verwaltungs GmbH & Co. KG und später die Ferienheim Vermittlungs GmbH & Co. KG. Wir arbeiteten in dieser Zeit eng zusammen, trennten uns jedoch aus unterschiedlichen, zum Teil auch privaten Gründen nach der Fertigstellung von Minderzhagen.

So hatte sich Theo Renske zwar vor unserem gemeinsamen Projekt als fähiger Bürovorsteher im Notariat profiliert, seine Aufgaben als Gesellschafter und Leiter des kaufmännischen Bereichs überforderten ihn jedoch so, dass er schließlich an immer schlimmer werdenden Herzrhythmusstörungen litt. Sie waren es, die ihn schließlich zur Aufgabe zwangen.

Dass wir uns nicht in Freundschaft trennten, liegt daran, dass ich das Gefühl hatte, dass er versucht hatte, mich auszubooten, als meine Frau mit Verdacht auf Krebs im Krankenhaus lag. Zwar hatte sich dieser Verdacht nach einer Operation als falsch, der verdächtige Schatten als Ergebnis einer großen Zyste erwiesen, doch hatte mich die Situation wie auch eigene schwere Rückenprobleme so mitgenommen, dass ich um 20 kg leichter wieder nach Hause zurückgekehrt war. Noch am Krankenbett hatte uns Renske besucht und angesichts meines Anblicks in der Heimat berichtet: „Der Vogler hat Krebs!" Zurück auf der Baustelle bemerkte ich, dass mich meine Mitarbeiter merkwürdig ansahen. Der Grund dafür offenbarte sich erst, als einer meiner treusten Mitarbeiter sagte, ich sei gar kein Chef mehr. Das bedeutete also, dass meine Leute nur einen durch seine Korpulenz beeindruckenden Chef als solchen ansahen.

Hegte ich also in der Zeit vor und nach unserer Trennung eine deutliche Abneigung gegen Renske, erholte sich unser Verhältnis in den nächsten Jahren wieder. So habe ich ihn auf seine Einladung einmal für eine gute Woche in Namibia besucht, wo er eine große Farm besaß, die sein Schwiegersohn in seinem Auftrag betreute und bewirtschaftete. Renske und ein mit ihm befreundeter Makler baten mich damals um ein Gutachten darüber, wie sich in Namibia Fremdenverkehr entwickeln ließe. Entsprechend wurden wir bereits am Ankunftstag von einem oder zwei Regierungsmitgliedern in unserem Hotel empfangen. Damals hatten gerade kommunistische Kämpfer (SWAPO) Namibia von der Herrschaft Südafrikas befreit und dem Land eine eigene Verfassung gegeben, die mir in einigen Teilen besser als die unsere erschien. Das Land faszinierte mich; vieles erschien mir bei meinem Abschied deutscher als in Deutschland. So wurde schon in der Hauptstadt nur deutsch gesprochen, und auch das Vaterlandsbewusstsein war sehr stark ausgeprägt. Dennoch stellte ich nach dem Besuch der Tierparks und Sehenswürdigkeiten (unter ihnen ein mehrere Meter großer Meteorit) bei einem abschließenden Gespräch fest, dass es zwar leicht sein dürfte, die bisherige Bedeutung des Fremdenverkehrs von 2 % des BIP zu verdoppeln. Jedoch erschien es mir angesichts der Schwierigkeit, deutsche Touristen nach Namibia zu locken, kaum möglich, ihn so weit auszubauen, dass seine Bedeutung einen noch größeren Anteil ausmachte. Zwar gab ich Namibia so keine großen Chancen im Fremdenverkehr, gleichwohl unterbreitete ich Renske und seinem Makler Vorschläge, wo und wie sie für ihr Projekt werben könnten.

Auch mit Felix Reuter war ich lange Zeit befreundet. Auch hier wurde mein Vertrauen jedoch durch ein Erlebnis getrübt. So hatten Reuter und ich schon vor der Minderzhagener Zeit im Rahmen der Familienheimbau zusammengearbeitet, wobei ich üblicherweise bevollmächtigt war, die Beratungen durchzuführen, Verträge abzuschließen und den Erwerb der Grundstücke zu beurkunden. Der Knacks kam nun dadurch zustande, dass Reuter sich nicht gegen die von den Gesellschaftern auf Betreiben einer mir durch Neid schlecht gesonnenen Mitarbeiterin getroffene Entscheidung gestellt hatte, Beurkundungen nur noch von der Familienheimbau vornehmen zu lassen. Aus Enttäuschung habe ich damals ein sehr großes Projekt mit vielen hundert

Einheiten in hochwertigen Einfamilienhäusern, Reihenhäusern, Appartements und Hochhäusern allein mit Renske in Angriff genommen und vermarktet. Reuter hatte sich damals jedoch eingekauft, um wenigstens indirekt am Projekt beteiligt zu sein. Es war das Projekt, das uns schließlich den Start in Minderzhagen ermöglichte.

Nachdem Theo Renske sich aus gesundheitlichen Gründen aus unserer gemeinsamen Gesellschaft zurückgezogen hatte, meldete auch Reuter an, aus Altersgründen aufhören zu wollen. Schon vorher hatte er versucht, seine Arbeitszeit zu reduzieren, und zwar sowohl in seiner privaten Tätigkeit als Architekt als auch innerhalb unseres Projektes. Dabei hatte er die unterschiedlichsten Möglichkeiten ausprobiert: ein Mal hat er eine Woche gearbeitet und die nächste pausiert, das nächste Mal einen Tag gearbeitet und den anderen ausgeruht. Ab und an hat er auch versucht, seine Arbeitszeit auf einige Stunden am Tag zu begrenzen.

Dass Reuter und Renske nun beide zur gleichen Zeit aus unseren gemeinsamen Gesellschaften aussteigen wollte, bedeutete für mich, dass ich überlegen musste, wie es nun mit den Gesellschaften und mir weitergehen sollte. So riet mir mein Steuerberater, der zugleich dem Aufsichtsrat meiner Gesellschaft angehörte, mit beiden zu sprechen, um zu sehen, ob es möglich wäre, die Gesellschaften auch alleine weiterzuführen. Nachdem ich mit beiden gesprochen und mich nach ihren Erwartungen erkundigt hatte, habe ich mir eine zweistündige Auszeit erbeten. In ihr bin ich mit meinem damaligen Partner Günther Bechtholdt (er soll im Folgenden näher vorgestellt werden) durch die Gegend gewandert und habe auf diesem Weg die Entscheidung getroffen, die Firma zu übernehmen. Zu dieser Zeit hatten wir nicht nur Minderzhagen fertig gestellt, sondern Schwarzenberg für den Baubeginn vorbereitet und Hohenwinkel ebenfalls in weiten Teilen geplant. Weitere Projekte waren ebenfalls so weit entwickelt, dass wir kurz vor der Beantragung der Bebauungspläne waren.

Um die Firma alleine weiterführen zu können, vereinbarte ich mit meinen nunmehr ehemaligen Gesellschaftern Abfindungen. Vor allem mit Reuter geriet ich über ihre Erfüllung jedoch zeitweilig in Streit. Letztlich hat es zwar einige Zeit gedauert, seine aus dem Kauf der Erbbaurechte und eines Wohnhauses resultierenden Forderungen zu erfüllen, aber es ist mir doch gelungen. So konnte ich die bestehende GmbH & Co. KG Zug um Zug mit meiner eigenen KG vereinigen. Schließlich gründete ich meine Sigismund Vogler KG als persönliche Gesellschaft mit persönlicher Haftung. Mit ihr übernahm ich alle Projekte, die nunmehr auf ihren Namen liefen. Auch die Bereiche, die von den Gesellschaftern selbst schon beurkundet waren, wurden auf die neue Sigismund Vogler KG zugeschnitten, neu geordnet und neu beurkundet. Damit hatte ich die alleinige Verantwortung und trug fortan auch das Risiko alleine.

Mit dem eben schon genannten Günther Bechtholdt war noch ein weiterer Mitarbeiter wesentlich daran beteiligt, dass Minderzhagen gelang.

Anders als Reuter und Renske blieb er mir zudem bis weit in die Hohenwinkeler Zeit verbunden. Als ich Bechtholdt kennenlernte, war er Anzeigenvertreter einer Regionalzeitung aus dem Ruhrgebiet. Er hatte unsere Anzeige in der „Bild"-Zeitung gesehen und stand prompt vor meinem Schreibtisch. Bechtholdt zeigte sich als elegant gekleideter junger Mann mit guten Manieren und zollte uns für unser Projekt Respekt und Anerkennung. Natürlich wollte er uns eine Anzeige in seiner Zeitung verkaufen. Ich ging auf sein Angebot ein und versprach, eine Anzeige zu schalten, wenn er gleichzeitig einen Journalisten dazu bekäme, über unser Projekt einen schönen Artikel zu schreiben. Er betrachtete es zwar als schwierig, aber tatsächlich brachte seine Zeitung den von mir gewünschten Beitrag. Allerdings stellte dieser uns in einem nicht gerade guten Licht dar und verriss unser Projekt. Bechtholdt kam zerknirscht wieder und entschuldigte sich bei mir. Natürlich war ich enttäuscht, erkannte aber gleichzeitig, dass Bechtholdt ein guter Verkäufer war und stellte ihn daher als Mitarbeiter im Verkauf ein. Mein gutes Gefühl bestätigte sich während unserer Zusammenarbeit, denn Bechtholdt stellte sich als einer der besten Verkäufer heraus, den ich je beschäftigt hatte. Schnell nahm er unter den Verkäufern eine leitende Funktion ein und verkaufte mit ihnen zusammen schließlich schneller, als wir bauen konnten. Damit er die Möglichkeit hatte, in unserem Unternehmen ein eigenes Betätigungsfeld mit eigenen Entscheidungsbefugnissen zu führen, gründeten meine Gesellschafter und ich für ihn die oben genannte Ferienheim Vermittlungs GmbH. Auch in diese Aufgabe wuchs er so gut und schnell hinein, dass ich ihn bald als potenziellen Nachfolger im Auge hatte. Meine Kinder hatten mir nämlich allesamt versichert, in ihrem Leben nicht so viel und so hart arbeiten zu wollen wie ich es tat. Mein Vorbild mit täglich zehn bis 14 Stunden Arbeit und das sieben Tage die Woche, hatte sie abgeschreckt. Bechtholdt aber arbeitete ebenso viel wie ich, war stets zu 100 % einsatzbereit und beantragte keinen Urlaub. Entsprechend habe ich seine Beteiligung schrittweise bis auf einen Anteil von 45 % erhöht; in der Zeit, in der wir unsere Parallelprojekte planten, setzte ich ihn schließlich auch als Geschäftsführer ein.

Günther Bechtholdt war damals wie ein weiterer Sohn in meinem Hause. So haben er und zum Teil auch seine Frau mich und meine Familie auf mehrere Reisen begleitet, so nach Miami oder zu den Galapagosinseln. Vor allem in den Anfangsjahren machten wir jedoch auch gemeinsamen Campingurlaub und verlebten gemeinsam mit unseren Kindern wunderbare Zeiten. Ein anderes Mal haben wir in Österreich in mehreren Zimmern einer Pension gewohnt, sind viel gewandert und haben Tennis gespielt. Bechtholdt war also mit seiner Familie in die unsere integriert, so gut, dass auch unsere Kinder miteinander befreundet waren.

Das gute Verhältnis wurde auch dadurch nicht getrübt, dass ich einige Entscheidungen habe gegen ihn durchsetzen müssen – so z. B. für den Erwerb von Erbbaurechten, gegen eine schnelle Wiederinvestition des Geldes. Später hat sich dann wiederholt herausgestellt, dass mein Entschluss richtig gewesen war. Denn die Erbbauzinsen eigneten sich hervorragend als Altersvorsorge, da sie mit den Lebenshaltungskosten anstiegen, unterlagen der normalen Einkommenssteuer und konnten auch bei Zahlungsunfähigkeit nicht verloren gehen. Besonders profitierten wir auch daraus, dass ein Richter den Erbbauberechtigten, also den Käufern unserer Ferienhäuser, zuschrieb, dass sie mit dem Erwerb der Häuser auch die Erschließungskosten bezahlt hatten. Für uns bedeutete das, dass wir die Einnahmen aus der Erschließung nicht direkt versteuern, sondern in unseren Bilanzen zurückstellen mussten, sodass bei einem Erbbaurecht auf 99 Jahre nun jedes Jahr lediglich ein Neunundneunzigstel aktiviert werden musste. Dadurch blieben wir sehr liquide und erhielten das für die Erschließungsmaßnahmen aufgewendete Kapital rasch zurück. Unser einziges Problem war, dass unsere Käufer erst überzeugt werden mussten, sich auf Erbbaurecht einzulassen. Denn viele wollten Haus und Grund zusammen erwerben. Erst später fiel mir ein, dieses schlechte Gefühl der Kunden durch die Ausweitung des Erbbaurechts auf 199 Jahre zu vermeiden. Damit sollten auch diejenigen keine Bedenken mehr haben, die ihr Ferienhaus für ihre Kinder und Enkel erhalten und sichern wollten.

Außer unseren Kunden gelang es mir so schließlich auch, Bechtholdt von meinem Konzept zu überzeugen. Ihm ließ ich weiter viel Entscheidungsfreiheit und gestattete ihm, eigene Projekte durchzuführen. Dabei arbeiteten wir weiter gut zusammen und waren vor allem dadurch in Verhandlungen mit Dritten sehr erfolgreich, dass wir uns in gemeinsamen Klausurtagungen hervorragend vorbereiteten und mögliche Diskussionen und Argumente der Gegenseite bereits durchgespielt hatten. Auf einem Höhepunkt seines Erfolgs sprach er mich und meine Frau an, da er gerne ihre fünfprozentige Beteiligung übernehmen und damit gleichrangiger Teilhaber werden wollte. Das lehnte ich jedoch ab, woraufhin Bechtholdt seine Anfrage sofort zurückzog und das Thema nie wieder ansprach. Auch wenn ich erst viel später dahinter kam, dass Bechtholdt auch im Verborgenen daran arbeitete, dass sich bestimmte Dinge zu seinem Vorteil entwickelten, hinterließ sein Vorstoß bei mir ein ungutes Gefühl.

Vorsichtig wurde ich nämlich erst, nachdem Bechtholdt sich einem vermögenden, aber in seiner Familie gänzlich unbeliebten Onkel so angebiedert hatte, dass dieser ihm den größten Teil seines großen Besitzes vererbte. Nur nach dem deutlichen Protest seiner Familie, die den Verdacht hatte, dass da etwas nicht mit rechten Dingen zugegangen sein könnte, hatte er Kleinigkeiten wieder zurückgegeben. Ähnlich verhielt sich Bechtholdt auch, nachdem ein Freund gestorben war, der ihm für eine Investition Geld geliehen hatte. Sein Verhalten gegenüber der Witwe ließ bei mir die Alarmglocken so schrillen, dass ich Bechtholdt und seine Entscheidungen in der Folgezeit etwas genauer überprüft habe, wobei ich mithilfe meines Steuerberaters den einen oder anderen Zugriff beseitigen konnte.

Wenn ich von meinen Mitarbeitern berichte, darf ich auch meine Sekretärinnen nicht vergessen. Auch hier bedeutete die Fertigstellung des Feriendorfs in Minderzhagen nämlich eine Veränderung. So hatte mich Frau Rottner schon seit vielen Jahren und über viele Stationen meiner beruflichen Laufbahn als treue und zuverlässige Sekretärin begleitet. Da mein hohes Arbeits- und Diktierpensum von ihr allein nicht zu bewältigen war, hatte sie sich eine Schreibkraft zur Verstärkung geholt. Diese hatte jedoch eine entscheidende Schwäche: Sie fuhr zwar Auto, hatte jedoch nicht den geringsten Orientierungssinn. Als ich einmal den Fehler gemacht hatte, sie zu bitten, Frau Rottner abzuholen und zu mir mitsamt Informationen und Büroberichten nach Minderzhagen zu bringen, wartete ich lange vergeblich. Denn sie hatte sich hoffnungslos im Grenzbereich verirrt und war stundenlang im Kreis gefahren, bis sie dann doch endlich den richtigen Weg gefunden hatte. Mit meinem Engagement in Minderzhagen wurde Rottner die Arbeit dann jedoch zu viel – kein Wunder, denn es gab nichts, was ich nicht sofort in mein Diktiergerät sprach. Entsprechend kamen ungeheure Mengen zusammen, die meine Sekretärinnen und ihre Helferinnen für mich schreiben und in Büroberichten zusammenfassen mussten. Sie nannten mich daher nicht selten „Mr. Aktennotiz". Auch Fräulein Krumpner, die auf Rottner folgte und mir von ihrem Vater unmittelbar nach Abschluss ihrer Lehre anvertraut wurde, kam mit der hohen Arbeitsbelastung schließlich nicht zurecht. Sie gab auf, weil sie das Gefühl hatte, nicht einmal mit der Arbeit fertig zu werden. Auf sie folgten Frau Beckers, die bei uns blieb, bis sie mit unserer Umsiedlung nach Hohenwinkel in Pension ging, und Frau Waßner, die ebenfalls von meiner Arbeitswut oft an die Grenzen ihrer Leistungsfähigkeit gebracht wurde.

Als Berater haben mich schließlich vor allem zwei Herren in meiner unternehmerischen Tätigkeit vor und nach Minderzhagen begleitet: Alfred Feldgen und Dr. Heinrich Johanns. Ersteren hatte ich bereits in meiner Zeit am Niederrhein dadurch kennengelernt, dass sein Steuerberaterbüro in der unmittelbaren Nachbarschaft meines Büros lag. Er stand mir viele Jahre als Berater in Steuersachen und treuer Freund zur Seite. So bin ich auch durch ihn zum Tennis gekommen – ein Sport, an dem ich bis heute Freude habe. Zudem gehörte Feldgen auf den ausdrücklichen Wunsch des früheren Regierungspräsidenten dem Aufsichtsrat meiner Gesellschaft an.

Feldgen war es auch, der den Kontakt zu Rechtsanwalt Johanns hergestellt hatte, der mich von da an über weite Teile meiner Geschäftstätigkeit unterstützt und betreut hat. Johanns war ein hochbegabter, fähiger Anwalt und genoss auch in Kollegenkreisen sowie vor Gericht das größte Ansehen, sodass ihn viele unter der Hand „Gott Vater" nannten. Johanns ging immer sehr geschickt vor, indem er in Streitfällen die Vertreter der gegnerischen Seite durch sorgfältig formulierte Schriftsätze provozierte. Damit entlockte er ihnen oft unbedachte Äußerungen, die er dann oft für sein weiteres Vorgehen nutzen konnte. Auch wenn er längst pensioniert ist, ist er nach wie vor mein juristischer Betreuer und Begleiter. Und noch heute spricht er das, was wir gerade diskutiert haben, direkt in sein Diktiergerät, sodass ich mir sicher sein kann, dass sein späteres Schreiben genau dem entspricht, was wir wollten. Überhaupt ist das Diktiergerät das zentrale Kennzeichen Johanns': Immer hat er es in der Tasche, oft genug zieht er es auch heute noch heraus, um schnell etwas auf ihm festzuhalten. So konnte ich ihn und sein Diktiergerät einmal mitten auf der Straße in Aktion sehen, als ich einmal mit meinem Wagen an der roten Ampel stand und darauf warten musste, dass er und die anderen Fußgänger gequert hatten. Er war auf dem Weg zu seinem Tennisplatz. Wie mit Feldgen bin ich auch mit Johanns seit vielen Jahren eng befreundet.

8. Kanada

In diese Zeit, in der es die Geschäfte gut liefen und
meine Firmen wirtschaftlich sehr erfolgreich arbeiteten, fiel der Beginn meiner Investitionen in Kanada.
Dort war ich schon in meiner Zeit als Geschäftsführer
der Landwirtschaftskammer einmal gewesen. Damals
hatte mich eine Schiffsreise über die Insidechannels
nach Alaska und von dort aus nach Japan und Chi-
na auch nach Vancouver geführt und mich die Schönheit
des Landes kennenlernen lassen. Bereits zu diesem
Zeitpunkt hatte mich das Land so verzaubert, dass
ich eine starke Sehnsucht verspürte, dort zu leben oder
hier zumindest einen Besitz zu erwerben. Nach meiner
Heimkehr hatte sich dann die Gelegenheit ergeben,
über ein von der Landwirtschaftskammer organisiertes
Programm Kanada mit Landwirten in einer Studi-
enreise zu besuchen. Zwar war es mir zunächst nicht
gelungen, einen Platz zu ergattern, doch bot mir ein
befreundeter Landwirt und Kegelbruder den Platz
seiner Frau an. Den habe ich gerne angenommen, dann
jedoch wiederum an meinen Sohn Martin abgetre-
ten, der zu dieser Zeit bereits seine Ausbildung als
Landwirt abgeschlossen hatte.

Kurz vor seiner Abreise beschloss ich jedoch, mit
meinen Freunden und Partnern, Bechtholdt und
Kaiser, der Gruppe um 24 Stunden versetzt hinterher
zu reisen und ihr Programm mit eben dieser Verschie-
bung ebenfalls zu absolvieren. Schließlich holten wir
die Gruppe der Landwirte ein und fuhren gemein-

sam mit ihr durch den Rocky Mountains-Park bis Jasper. Dort nahmen wir meinen Sohn und einen seiner Freunde an Bord, um mit ihnen gemeinsam über die so genannte Forest Trunck Road quer durch den Wald nach Fort St. John zu fahren. Weil meine Begeisterung für Kanada schon vor meiner erneuten Reise groß gewesen war, hatte ich von zu Hause bereits einige Treffen mit Partnern vor Ort verabredet, die uns dabei helfen sollten, ein geeignetes Objekt für uns zu finden und den Verkauf an uns zu vermitteln.

In Fort John trafen wir dann Eduard Walter, einen klugen und – wie sich später herausstellte – raffinierten Mann, dessen Vater zu meinen Kegelbrüdern gehörte. Er bot uns eine Farm an, erklärte aber aus naheliegenden Gründen nicht, dass ihr Preis extrem überteuert war. Auf dem Heimflug habe ich dann meinen Sohn gefragt, ob er sich zutraue, diese Farm zu bewirtschaften. Er war zwar zunächst geschockt, entschied sich aber, das Wagnis einzugehen. So erwarben wir die angebotene Farm und weitere vier Quarters (256 ha) Land, und Martin wanderte gemeinsam mit drei Freunden 1980 nach Kanada aus. Damit hatten wir von nun an in Kanada eine „Familienfluchtburg", die uns in politisch schwierigen Zeiten – damals hatten wir das Gefühl, jederzeit von den Armeen des Ostblocks überfallen werden zu können – die Flucht an einen sicheren Ort ermöglichen sollte. Wenig später stieß Martins zukünftige Frau dazu, sie heirateten und bekamen 1985 unsere erste Enkelin Nathalie.

Bereits kurze Zeit nach Martins Weggang erwarben wir zwei weitere Farmen mit insgesamt zehn weiteren Quarters Land, sodass wir nun insgesamt 14

Quarters (knapp 900 ha Farmland besaßen, die Martin für unsere Familie bewirtschaftete. Auf Empfehlung unseres damaligen Rechtsanwalts gründeten wir in der Folge eine Ltd. Denn wir mussten nicht nur für den Kauf und die Erweiterung der Farm genug Geld einführen, sondern auch die vier Freunde für ihre Arbeit entlohnen und die Bewirtschaftungskosten für Maschinen, Verbrauch, Saatgut etc. bereitstellen. Um zu sparen, kauften wir viele Gerätschaften gebraucht und so günstig wie möglich. Dass dies keine gute Entscheidung war, zeigte sich, als wir später viel Zeit aufgrund von Ausfällen und Reparaturen verloren.

Zu Problemen führten einige Jahre später allerdings zeitweise die politischen und wirtschaftlichen Entwicklungen. So war Kanada preislich und auch im Absatz der Produkte eng an die USA gebunden, die wiederum mit der Sowjetunion Absatzvereinbarungen getroffen hatten. Was in guten Zeiten zu gut kalkulierbaren Preisen führte und zuverlässige Rentabilitätsrechnungen ermöglichte, erwies sich als Fallstrick, als die Spannungen zwischen den Weltmächten sich auf ihre Handelsabkommen auswirkten. So brach der gesamte us-amerikanische landwirtschaftliche Markt zusammen, mit ihm auch der kanadische. Damit fielen auch die Preise und die Rentabilität unserer Farmen war stark eingeschränkt. Zum Glück hat uns in dieser schwierigen Situation einige Male der Staat Kanada mit billigen Zuschüssen für die Einsaat geholfen.

Zu schaffen machten uns daneben auch die geografischen Bedingungen. Denn durch den Standort im hohen Norden waren die Vegetationszeiten kurz, die Frostzeiten setzten oft früh ein und dauerten ungewöhnlich lang. So erwischte uns der Frost nicht selten bereits in der Blütezeit des von uns angebauten Rapses, was einen totalen Ernteausfall zur Folge hatte. Auch den Versuch, durch die Vermehrung von Grassamen Erträge zu erzielen, mussten wir wegen unseres Mangels an geeigneten Maschinen und Erfahrung schließlich aufgeben. Damit scheiterten alle Überlegungen, wie wir unsere Farm rentabel machen könnten. Stattdessen mussten wir für ihren Erhalt immer wieder Geld zuschießen.

Mit der zunehmenden Entspannung zwischen Ost und West beschlossen wir, die landwirtschaftliche Bewirtschaftung aufzugeben und die Farmen entweder zu verpachten oder zu verkaufen. Da es uns gelang, die Farmen zu verpachten, konnten wir sie als Besitztümer behalten, wenn sie uns auch relativ wenig Gewinn brachten.

Den geschilderten wirtschaftlichen Problemen folgten persönliche Konsequenzen: Martins Freunde verließen Kanada, sodass und seine Frau alleine zurückblieben und fortan ihre Farm, den Stammsitz der Ltd., alleine bewirtschafteten. Um ihnen das Leben zu erleichtern, unterkellerten wir das Wohnhaus neu und errichteten sowohl eine große Scheune für die Gerätschaften als auch eine Werkstatt. Auch das Haus selber wurde renoviert und mit neuen Wasserleitungen ausgestattet, einige ältere kleinere Schuppen verbrannt und schließlich der ganze Hof so gestaltet, dass er sich in einem sichtbar guten Zustand befand. Dabei leistete Martin viele Arbeiten selbst. Zudem rief er uns eines Nachts an, um mir von einer Idee zu erzählen – ein „goldener Schuss", wie ich sagen würde. Es gab nämlich in Kanada so genannte Vorstufen der Bierentwicklung, in der die Vorstufe der Melasse in Flaschen abgefüllt und an Hobbybierbrauer verkauft wurde. Mit ihr und einigen weiteren Zusätzen konnten sie dann ihr eigenes Bier brauen. Die von Martin entdeckte Marktlücke lag nun darin, dass viele zwar ihr eigenes Bier brauen wollten, die damit verbundene Arbeit ihnen aber zu aufwändig war. So bot sich Martin als Servicebrauerei an: Er mietete in der Stadt Räumlichkeiten an und stellte in ihnen die notwendigen Geräte für den Ansatz von Bier zur Verfügung. Auch bot er potenziellen Brauern die für die Bierherstellung nötigen Grundstoffe an. Diese konnten dann auf die von Martin bereitgestellte Infrastruktur zurückgreifen und brauchten nur noch selber einzumischen.

Rasch war Martins Servicebrauerei - mehr als ein Ort, um Bier zu brauen - ein beliebter Treffpunkt, von dem aus sich viele zuverlässige Freundschaften entwickelt haben, die auch heute noch bestehen.

Erst als ich selbst geschäftlich so große Schwierigkeiten hatte, dass ich dringend seiner Hilfe bedurfte (davon später mehr), kehrte Martin mit seiner Familie nach Deutschland zurück. Obwohl dies inzwischen einige Jahre her ist, kann man immer noch seine Sehnsucht spüren, wenn wir miteinander von seiner Zeit in Kanada sprechen. Kein Wunder – Land und Leute sind unvergleichbar. Nie bin ich auf so viel Vertrauen und Freundschaft unter den Menschen gestoßen wie dort. So wurden in Kanada die Türen nie verschlossen – weder, wenn man abreiste, noch nachts. Zwar waren die Farmen immer mehrer Meilen von einander entfernt, doch leisteten sich die Kanadier immer wieder bereitwillig Nachbarschaftshilfe.

Meine Frau und ich waren immer wieder in Kanada, um unseren Sohn, seine Frau und die Enkelkinder zu besuchen. Unsere Enkel waren und sind unser besonderer Sonnenschein; viele herrliche Erlebnisse mit ihnen haben wir auf Fotos und im Film festgehalten, die wir uns noch heute gerne ansehen.

9. Planungen für Schwarzenberg

Anders als Minderzhagen habe ich Schwarzenberg nicht gesucht. Die Idee, dort ebenfalls einen Ferienpark aufzubauen, geht vielmehr in ihren Ursprüngen zurück auf meine Zeit als Leiter der Bausparkasse und meine Geschäftstätigkeit in Zusammenhang mit dem so genannten Binderhaus. In dieser für mich sehr erfolgreichen Zeit hatte ich nämlich meinen Kollegen Kurt Sommer kennengelernt, der nach unserer geschäftlichen Trennung nach Schwarzenberg gezogen war. Von dort hatte er mein Minderzhagener Projekt verfolgt und dieses für so gut gehalten, dass er mir nun vorschlug, ein solches Projekt in seiner neuen Heimat zu wiederholen.

Ich kannte Schwarzenberg bereits von einigen Besuchen bei Sommer und war vom besonderen Reiz dieses kleinen Städtchens angetan, das nicht nur über eine bezaubernde Altstadt, sondern auch über ein Schloss verfügt, das mit seinen vielen Türmen einen fast märchenhaften Anschein hat. Wie man damals hörte, waren die Dächer des Schlosses so groß, dass das ganze Jahr über ein Dachdecker mit drei Gesellen auf und mit ihnen beschäftigt war. Auf meinem Besuch nach Sommers Vorschlag sah ich auch den so genannten Wildacker, der wie große Teile der riesigen Wälder zum Schloss gehörte und diesem genau gegenüber lag. Mein Interesse war geweckt. Denn meine Idee, Feriendorf und Golfplatz zu vereinen, bot sich hier regelrecht an: Das Feld, damals eine landwirtschaftliche Nutzfläche, war über 70 ha groß und bot einen unbeschreiblich schönen Ausblick vom nahe gelegenen Nahetal bis zum Westerwald und vor allem auch in Richtung des prächtigen Schlosses.

Da mir bekannt war, dass Adelige ihren Grundbesitz nur sehr ungern verkaufen, nahm ich mit dem Rentmeister des Grafen Kontakt auf, um mit ihm über ein Erbbaurecht zu verhandeln. Gleichzeitig schaltete sich Graf Wiedenau, der Schwiegersohn des Fürsten, der die Verwaltung des umfangreichen fürstlichen Besitzes übernommen hatte, in unser Gespräch ein. Nach einiger Zeit waren wir uns so weit einig, dass unser Notar einen Vertragsentwurf ausarbeiten konnte. Dieser war tatsächlich nach einiger Zeit unterschriftsreif; der Fürst jedoch lehnte ab, da er seinen Wildacker für die Jagd erhalten wollte.

So schnell wollte ich mich von meiner Idee, in Schwarzenberg ein „Wohnen und Golfen"-Projekt zu errichten, jedoch nicht verabschieden. Daher wandte ich mich nun an die Gemeinde, die ihrerseits über viel Waldbesitz verfügte, um sie zu fragen, ob sie einen Teil ihres Waldes mit dem Fürsten gegen das von mir ins Auge gefasste Grundstück tauschen würde. Doch auch der Stadt, die von meinem Willen, auf ihrem Gebiet zu investieren begeistert war, gelang es nicht, mein Wunschgrundstück für mich zu tauschen. Dafür konnte die Stadt den Grafen jedoch zu einem anderen Tausch zu bewegen. Und so erwarb sie ein Gebiet, das „An der Herbstfeste" hieß und zu 80 % mit Wald bewachsen war. Nur den Namen des Gebiets änderten wir auf Anraten von Werbeprofis in „Schloss Schwarzenberg", um damit die abschreckende und kalte Wirkung der alten Bezeichnung zu vermeiden. Heute allerdings heißt das Gebiet als Ortsteil von Schwarzenberg wieder „An der Herbstfeste".

Innerhalb kurzer Zeit lag auch die Baugenehmigung durch die Gemeinde vor, und wir konnten mit ihr ähnliche Erschließungsvereinbarungen wie in Minderzhagen treffen. So errichtete die Stadt außer Wasser- und Stromleitungen auch die notwendigen Kanäle von ihrer Kläranlage bis an den Rand unseres Gebiets. Wir wiederum sorgten für die Erschließung des inneren Geländes. Dabei mussten wir rasch feststellen, dass die Leistung einiger Bauarbeiter dort nur etwa 60 % der Arbeitsleistung der uns bekannten rheinischen Arbeiter erreichte. Entsprechend schnell stiegen die Preise, mit denen wir kalkulieren mussten. Daher haben wir unsere Handwerker von Minderzhagen nach Schwarzenberg geholt. Doch auch mit einigen örtlichen Handwerksfirmen arbeiteten wir gut zusammen. Bei ihnen handelte es sich noch um zuverlässige Firmen, mit denen man – auch im Auf und Nieder dieses Projekts, das von zahlreichen Schwierigkeiten heimgesucht wurde – verlässlich zusammenarbeiten konnte. Die angedeuteten Probleme ergaben sich nicht zuletzt dadurch, dass mit dem Regierungswechsel auf die sozialliberale Koalition die bis dahin boomende Konjunktur zusammenbrach. Wie damals ist mir auch heute der Ausspruch führender Politiker im Gedächtnis: „Wir werden die Banken und die

Wirtschaft auf ihre Belastbarkeit prüfen!" Tatsächlich wurde die Bundesbank dazu bewegt, den Zinssatz von fünf auf bis zu 17 % zu erhöhen, was eine totale Strangulierung der Bauträgerfirmen bedeutete. Nicht wenige (unter ihnen auch der riesige Konzern „Neue Heimat") mussten Konkurs anmelden. Es folgte eine ungewollte Rezession, die auch eine Kehrtwende der Politik nicht aufhalten konnte. Trotz diverser Förderungsmöglichkeiten dauerte es lange, bis sich der Markt wieder erholt hatte. Auch für uns bedeutete dies eine harte Zeit.

In Schwarzenberg arbeiteten wir jedoch nicht nur mit unseren Bauplanungsteams und den Handwerksfirmen zusammen, sondern kamen auch in Kontakt mit einem großen Freizeitunternehmer aus Niedersachsen, der sowohl an der innerdeutschen Grenze als auch an der Ostsee große Freizeitprojekte realisiert hatte und damit durchaus erfolgreich gewesen war. Zunächst hatte Würmer uns in sein Projekt an der Ostsee eingeladen; dann baten wir ihn, sich Schwarzenberg anzusehen. So übernahm er schließlich den Teil unseres Projekts, der den Bau von 200 Appartements vorsah. Uns brachte diese geschäftliche Liaison vor allem einen guten Kontakt zur „Bau- und Bodenbank Frankfurt", die uns dann die Erschließung sowie die Errichtung der ersten Musterhäuser und Ferienhäuser" ermöglichte.

Dennoch verschlechterte sich unsere Situation. Denn der Ölschock fügte der Rezession auch noch ein längerfristiges Sonntagsfahrverbot hinzu. Das traf uns umso mehr, als der Sonntag bisher unser Hauptverkaufstag gewesen war. Die Nachricht über diese Schwierigkeiten schockierte auch den Bürgermeister. Nach einer kurzen Zeit ergriff er jedoch zu unseren Gunsten die Initiative und erwirkte bei der örtlichen Kreissparkasse einen Kredit von 5 Mio. Mark, für den die Stadt als Bürge eintrat. Das ermöglichte uns, mit dem Bau des Golfplatzes zu beginnen. Inzwischen hatte sich nämlich zum Glück das Verhältnis zwischen mir, dem Rentmeister und dem Grafen von Schwarzenberg verbessert und ich konnte mit Letzterem über den von mir geplanten Golfplatz sprechen. Zwar lehnte der Graf immer noch eine Überlassung des von mir ursprünglich für den Ferienpark anvisierten Grundstücks gegen Erbbaurecht ab, doch konnten wir uns auf einen langfristigen Pachtvertrag für das Gelände einigen. Sehr bald, nachdem wir mit den ersten Arbeiten angefangen hatten, zeigte sich jedoch, wie geeignet dieser „Wildacker" wirklich für die Jagd war und wie viel Wild es auf ihm gab. Besonders Wildschweine verwüsteten in Rudeln von zehn oder zwanzig Tieren nachts die Äcker der Landwirte und wühlten die dort gepflanzten Kartoffeln etc. aus. Es war klar, dass uns großer Schaden entstehen würde, wenn es uns nicht gelingen würde, die Wildschweine von unserem zukünftigen Golfplatz fernzuhalten. Genauso deutlich war uns jedoch, dass dies ein schwieriges Unterfangen werden würde – schließlich war die Fläche bewusst mitten im Wald als Wildanziehungsfläche angelegt worden. Wir hatten jedoch Glück. Denn für die Planung konnten wir den damals bekanntesten und im Bereich der Planung von Golfplätzen anerkanntesten Architekten, Professor Wiener, gewinnen. Bis heute bleibt sein Entwurf geglückt. Und bis heute ist der Golfclub stolz auf die Schönheit seiner Anlage und seiner landschaftlich einmalig beeindruckenden Lage. Prof. Wiener hatte viele Wochen auf dem Hof inmitten des Areals sowie auf den Feldern verbracht und uns dann seinen einmalig geglückten Entwurf für einen 18-Loch-Platz auf 72 ha vorgelegt. Wir entschieden uns jedoch, zunächst einen Platz mit neun Löchern anzulegen.

Mir schwebte damals vor, einen „Golfplatz für Jedermann" anzulegen, der kommerziell geführt werden und über einen Club verfügen sollte. Leider ist diese Idee jedoch gescheitert. Anders als heute, wo es an vielen Orten Golfplätze gibt, wie ich sie damals im Sinn hatte, war damals die Zeit noch nicht reif, das Konzept anscheinend nicht schlüssig genug. Denn damals – in einer Zeit, in der es in Deutschland noch weniger als hundert Golfplätze gab – standen sich der elitäre Anspruch der Golfer und die Bedürfnisse des breiten Publikums noch gegenüber. Das Konzept „Wohnen und Golfen" kannte ich schon vor meinen Planungen in Minderzhagen, denn in vielen Orten in Spanien und anderen Ländern, unter anderem in den USA, ist diese Kombination gelungen. Sie sollte auch in meinem Schwarzenberger Projekt ein Entscheidungsgrund für meine zukünftigen Kunden sein, hier zu investieren und sich ein Häuschen mit Zugang zum Golfplatz zu kaufen. Zwar war dieses Projekt auf vielen großen Golfplätzen – auch solchen mit 36 oder mehr Löchern – erfolgreich, bei uns jedoch funktionierte es nicht, wie sich sehr bald herausstellte, nachdem wir mit

dem Verkauf der Häuser begonnen hatten. Zunächst
jedoch stieß unsere Einladung in ein örtliches Restaurant, in dem ich gemeinsam mit dem Architekten und den beteiligten Bauunternehmern den geplanten Golfplatz vorstellte, auf große Resonanz.
Erstaunlich viele kamen direkt nach diesem Gespräch auf mich zu und übergaben mir das für den
Eintritt in den Golfclub notwendige Geld. Bald traten jedoch einige Golfer auf mich zu und setzten
sich dafür ein, einen eigenen Golfclub zu gründen.
Sie wollten allerdings nicht einen „Golfclub für Jedermann" wie wir, sondern zielten vielmehr in die
elitärere Richtung. Trotz meiner Bedenken schlossen wir einen Vertrag, der jedoch die von mir erarbeitete Satzung einschloss, und verkauften den Golfplatz an den neu gegründeten Club. Dieser
entwickelte sich nach und nach in einen immer eli-
täreren Kreis und erweiterte den Platz von den ursprünglich angelegten neun auf dann 18 Löcher.
Auch heute noch gehört er aufgrund seiner besonderen Schönheit zu den zehn besten in Deutschland. Als der Golfplatz vor einigen Jahren groß Jubiläum feierte, lud mich der Vorstand zu seiner Feier
ein. Auf ihr ernannten die Golfer mich als Gründer
des Golfclubs zum „Ehrenmitglied auf Lebenszeit"
und sicherten mir kostenlose Nutzung des Platzes
und Mitgliedschaft im Club zu. Auch Graf Wiedenau dankte mir für meine Idee und erklärte mir,
welch großen finanziellen Nutzen den Schlossher-
ren durch den Golfplatz erzielen. Für mich war diese Feier einer der großen Tage eines Unternehmers.
Denn die Anerkennung von Seiten meiner damaligen Geschäftspartner habe ich sehr genossen.

Die von der Rezession und den anderen politischen Rahmenbedingungen verursachten wirtschaftlichen Schwierigkeiten unseres Projekts lösten sich schließlich sowohl durch das Investment mehrerer Partner als auch durch das Verkaufstalent von Jan Bürger, den ich auf Empfehlung des Bürgermeisters kennenlernte und für den Vertrieb unser Ferienhäuser einstellte. Binnen kurzem schafften er und der Mitarbeiter, den er mit in das Projekt gebracht hatte, sowie ein weiterer Finanzierungsberater die Wende; innerhalb kürzester Zeit steigerte er die wochenendlichen Verkäufe von anfangs zwei bis fünf auf bis zu zehn oder 12 Stück pro Woche.

Wichtig für unseren sich nun vollziehenden Aufstieg, den ich gerne mit dem Aufstieg des mythischen Phönix aus der Asche vergleiche, waren auch die in dieser Zeit akquirierten Mitinvestoren. So entwickelten Unternehmen aus der Nachbarschaft ein günstig zu bauendes Wohnhaus aus Holz, das über die Sparkasse finanziert und daher gut verkauft werden konnte. Darüber hinaus erstellte ein niederländisches Unternehmen hundert Ferienreihenhäuser, ein anderes erstellte einige Spezialhäuser in der Bauweise von Fertigbauhäusern. Eine dänische Firma baute schließlich eine Reihe von Musterhäusern, die aus wunderschönen Holzblockhäusern bestand; andere, örtliche Betriebe und Handwerker entwickelten einen weiteren Haustyp.

Ich lernte noch einen anderen Investor kennen – und zwar, man glaubt es kaum, hoch zu Pferde. Zum Reiten hatte ich nämlich gefunden, nachdem ich mir während eines Aufenthalts in Salzburg bei einem ersten Reitversuch eine Wirbelsäulenkompressionsfraktur zugezogen hatte. Ich war nämlich bis dato völlig unsportlich und unbeweglich, bewegte mich ständig von einem Sessel zum anderen: vom Auto zum Bürostuhl nach Hause aufs Sofa. Mein Akupunkteur nun hatte mich nach meinem misslungenen Reitversuch zu einem Chiropraktiker geschickt. Dieser sollte mich einrenken, was er auch versuchte. Dabei sackte ich jedoch in seinen Armen so zusammen, dass er einen befreundeten Röntgenarzt anrief, der mich untersuchte und mir dann erklärte, ich hätte einen Rücken wie ein 70-Jähriger und überhaupt keine Bandscheiben mehr zwischen den Wirbeln, zudem sei ein Wirbel zusammengestaucht. Er könne nichts für mich tun, ebenso wenig ein Chiropraktiker. Auch würden die Schmerzen lange dauern; ob sie jemals noch einmal weggehen würden, könne er nicht sagen. Ich hatte jedoch von einem Arzt gelesen, der „Reiten als Therapie" entwickelt hatte, und trat nun mit ihm in Kontakt, um einen Untersuchungstermin abzusprechen. Tatsächlich konnten mir seine gymnastischen Übungen, die eine Assistentin des Landarztes mit mir in der Reithalle übte, helfen. Und so fuhren meine Frau und ich auch im Jahr darauf wieder auf den Hof des Arztes, um das Training fortzusetzen. Ich ritt also mit meinem Pferd in der Reithalle, als ein weiterer Mann mit seinem Pferd eintrat und fragte, ob er sich anschließen könne. Ich stimmte zu und lernte damit Carsten Röder kennen, der Vorsitzender einer Wohnungsbaugesellschaft war. Nach einigen längeren Gesprächen stellte er den Kontakt zu einer Schweizer Schwestergesellschaft her und ich lernte deren Vorsitzenden, Dr. Schramm kennen. In vielen Sitzungen, die dadurch geprägt waren, dass Schramm sich immer extrem gut vorbereitet hatte und über eine enorme Ausdauer verfügte, vereinbarten wir, dass wir für seine Wohnungsbaugesellschaft in Schwarzenberg ein Appartementhaus errichten würden. Genau wie ich setzte Schramm auf ein gemischtes Wohn- und Golfprojekt. Da er sich sicher war, dass auch seine Klienten an einer Nutzung des Golfplatzes interessiert waren, räumten wir ihm ein entsprechendes Nutzungsrecht ein. Zwar brach nun auch die Zeit des Aufschwungs an, doch kam Schramms Angebot und Finanzierungshilfe dennoch genau zur richtigen Zeit.

Lediglich unter der Einflussnahme der Stadt litten wir. Denn diese beanspruchte aufgrund ihrer Bürgschaft, uns alle zwei Wochen zu kontrollieren und Einfluss auf unsere unternehmerische Umsetzung nehmen zu können. Daher haben wir sobald es uns finanziell wieder besser ging, den von der Stadt begünstigten Kredit durch einen Kredit bei einer anderen Bank ausgelöst. Damit sicherten wir auch die Schlussvereinbarungen, die Fertigstellung und Abschluss des Projektes ab, sodass keine Forderungen mehr offenblieben.

In dieser Zeit – wir planten schon ein weiters Projekt in Hohenwinkel – verlebten wir eine gute Zeit mit den Banken. Das war nicht zuletzt auf zwei Bankdirektoren zurückzuführen, die charakterstark und hilfswillig waren. Beiden berichtete ich im Abstand von vier bis sechs Wochen von den Fortschritten unserer Projekte, den weiteren Planungen und dem nahenden Baubeginn des neuen Projekts.

Als dies tatsächlich anstand, veranstalteten wir eine große Sitzung, zu der wir auch die Presse einluden, um das geplante Schieferdorf vorzustellen. Von beiden Banken waren jeweils zwei Leute da, außerdem der Landrat, der Bürgermeister, die wichtigsten Leute aus dem Stadtrat, unsere Geschäftspartner und Berater. Feierlich übergaben wir einen Scheck, mit dem wir eine erste Anzahlung an die Gemeinde leisteten. Dabei wiederholten wir die Zeremonie einige Male mit strahlenden Gesichtern, bis jeder der Pressevertreter ein passendes Foto geschossen hatte. Und tatsächlich berichteten zu unserer großen Freude beide lokalen Zeitungen über unsere Sitzung mit ganzseitigen Beiträgen. Für uns war das natürlich eine große Ehre, aber auch gute Werbung, wie ich gerne zugebe. Die Veranstaltung war also schon gelungen.

Wenige Tage später lud uns der kleine Gemeinderat von Feldersheim zu einem Fasanenessen ein – wohl, um zu demonstrieren, wie viele Fasane es auf den Äckern vor dem von uns geplanten Schieferdorf geben würde. Ich habe zwar dort nie welche gesehen, aber dennoch fanden sich wohl genug, um uns zum Essen einzuladen. Dieses Essen ist wohl jedem von uns in Erinnerung geblieben. Denn die Fasanen hatten einen Stich zu viel Hautgout, schmeckten also allzu scharf und würzig nach Wild. Gleichwohl aßen wir tapfer und tranken viel Wein, um unsere Gastgeber nicht erkennen zu lassen, dass es uns schwer fiel, unseren Fasan zu essen. Als erstes zog sich schließlich der Schreiner des Dorfes elegant aus der Affäre, indem er sagte, das Essen schmecke so gut, dass er davon noch etwas mit nach Hause nehmen wollte. Dann legte er seine Serviette über den Teller, um den Duft nicht weiter riechen zu müssen. Seinem Beispiel folgten nach und nach alle außer dem Notar. Dieser war mir vor unserem Treffen schon als großer Esser und Gourmet beschrieben worden und hat seinen Fasan bis auf das letzte abgeknabberte Knöchelchen verzehrt. Als ich ihm allerdings am nächsten Tag fragte, ob er einen guten Fasan gehabt habe oder ob dieser ebenfalls zu viel Hautgout gehabt habe, erklärte er, natürlich habe auch seiner Hautgout gehabt, er habe aber aufgrund seiner Erziehung alles aufgegessen – „und zwar mit reichlich Wein, wie alle".

Kurz nach diesem Essen wurde der mit uns befreundete Sparkassendirektor in die Landesbank von Rheinland-Pfalz versetzt, wo er den Führungsbereich übernahm. Sein Nachfolger kam leider aus dem Bereich der „Prüfungsbeamten" der Kassen und Banken und brachte eine ebensolche Mentalität mit – ein Unterschied wie Tag und Nacht. Zwar habe ich ihn weiterhin alle paar Wochen besucht, um ihn über unsere Projekte zu informieren, doch waren diese Gespräche immer enttäuschend.

Umso mehr half mir der Austausch mit den Herren Bartel und Grabow von der Volksbank über diese Frustration hinweg, denn in ihnen hatte ich Partner gefunden, die über viel fachliche Kompetenzen sowie Erfahrungen im Umgang mit Kundschaft verfügten und auch den Schwankungen des Marktes gewachsen waren. Sie waren mir oft mehr Ratgeber als Verhandlungspartner. Zu dieser Zeit war mein Sohn bereits seit einigen Jahren in Kanada, um dort

unsere Güter zu bewirtschaften. Meine Gesprächspartner von der Volksbank zeigten nun großes Interesse für dieses Anwesen und wollten es gerne besichtigen. Daher lud ich sie ein, und gemeinsam
flogen wir nach Kanada. Wir landeten in Vancouver, wo wir uns einen Mietwagen nahmen, um mit
ihm in den Norden von British Columbia, nach Fort
Clark zu fahren. Da die Strecke, die wir zurückle-
gen mussten, etwa 700 km lang war, übernachteten
wir unterwegs und fuhren am nächsten Tag quer
durch die Wälder weiter. Auch mein damaliger Geschäftspartner, Günther Bechtholdt, war mitgekom-
men, sodass wir zu viert eine gute Reisegesellschaft
bildeten und uns gut unterhielten. Natürlich war es
vor allem für die Banker ein großes Erlebnis, den
Duft von Kanada aufzunehmen und die besondere
Stimmung des Landes zu spüren. Wir fuhren die
gleiche Tour, die wir vor unserer Investition in Kanada schon einmal zurückgelegt hatten. Diesmal
jedoch wählten wir, um den Weg von 300 km auf
150 km abzukürzen, jedoch einen Weg, der mitten
durch den Wald führte und sich „Forster Trunk
Road" nannte. Kurz vorher hatten wir noch einmal
übernachtet und einige Sachen eingekauft. Nun
endete die ausgebaute Straße an einem Weg, der
eigentlich für Transportfahrzeuge bestimmt war, die
die gefällten Bäume aus dem Wald ziehen. Entsprechend war dieser Weg nicht fest, sondern mit tiefen
Furchen von den LKW durchzogen und nass. Es
gab nur eine Chance, sie zu passieren: mit dem „Blei-
fuß" hart auf dem Gas durchzufahren, um nicht
hängenzubleiben. Der Weg führte bergauf und
bergab, und sogar beim Bergabfahren gab ich noch

leichtes Gas, nur oben habe ich manchmal eine kurze Pause eingelegt.

Bei einer dieser Pausen fragte Bartel, ob es nicht besser wäre umzukehren. Mir war aber klar, dass dies nur schlecht möglich war, und so antwortete ich, das ginge nicht, da auf der anderen Spur der Weg genauso schlecht sei. Bartel war mit dieser Antwort jedoch nicht zufrieden. Daher regte er an, einen Gemeinschaftsbeschluss zu fassen und eine Mehrheit für die Entscheidung zu finden, worauf Bechtholdt, der hinten saß, erklärte: „Die Mehrheit sitzt links neben Ihnen, Herr Bartel!" Wir kehrten also nicht um und kamen tatsächlich an unserer Farm an, die die Banker sehr beeindruckte.

Die Volksbank war es schließlich auch, die uns half den Kredit in Schwarzenberg abzulösen und die Stadt aus ihrer Bürgschaft zu entlassen. Das erleichterte uns auch den Anfang in Hohenwinkel wesentlich. Mit den dortigen Investitionen wuchs jedoch auch unser Kredit bei der Volksbank. Schließlich wurde von Bartel, der inzwischen aufgrund seiner Tüchtigkeit in das Vierergremium des Bankenaufsichtsrats aufgerückt war, verlangt, die Zusammenarbeit mit uns zu beenden. Der Druck auf ihn wurde schließlich so groß, dass er mich anflehte, den Kredit abzulösen, da er nicht mehr schlafen könne. Damals hatten wir damit noch keine Erfahrung und sind seiner dringenden Bitte nachgekommen. An Bartels Situation änderte dies jedoch leider nichts, denn er wurde dennoch als Mitglied des Aufsichtsrats abgelöst und setzte sich zur Ruhe.

10. Anfänge und Geschichte des Schieferdorfes

Auf das Gelände unseres zukünftigen Schieferdorfes sind wir ebenfalls bereits während der Arbeiten in Minderzhagen gestoßen: Am Abschlussabend eines Seminars in der Eifel besuchten wir eine Weinprobe, auf der wir Nahewein verkosten wollten. Dabei lernte ich den Vorstand des Rationalisierungskuratoriums Westdeutschland, der mich wiederum zu sich in die Nähe von Bad Kreuznach einlud. Gerne kamen drei Geschäftspartner und ich dieser Einladung nach und ließen uns von unserem Bekannten durch die Weinberge bis nach Windesheim und in eine Probierstube des Weingutes und der Brauerei Hirsch führen. Dort wiederum lernten wir den Hohenwinkeler Notar Maurer kennen, der von seinem Freund gehört hatte, was wir in Minderzhagen errichteten. Wir genossen gemeinsam einen schönen und weinseligen Abend und erkannten schließlich, warum unser Bekannter uns schon auf unserer kleinen Wanderung immer wieder auf Feldersheim und die besonders schöne Lage dieses Ortes hingewiesen hatte. Da unser Besuch aber der Erholung dienen sollte, lehnte ich geschäftliche Unterhaltungen zunächst ab.

Dennoch hielt der Notar den Kontakt zu uns aufrecht, bis die Gemeinde Feldersheim schließlich mit einem Angebot für die Flächen unterhalb des

Waldes auf uns zukam. Wir lehnten jedoch ab, da wir für unser Konzept dringend Waldfläche benötigten. Prompt bot Feldersheim daraufhin 90 ha Wald an. Da jedoch die Hälfte dieses Grundstücks in der Gemarkung der Nachgemeinde Hohenwinkel lag, zogen wir den Verbandsbürgermeister zu den ersten Gesprächen in Feldersheim hinzu. Zwar sagte er uns zu, dass die Stadt Hohenwinkel einem beide Gemeinden umfassenden Bebauungsplanverfahren zustimmen würde, doch stellte diese vor der Präsentation unserer Pläne die Bedingung, auch von Hohenwinkel 90 ha Wald zu kaufen. Entsprechend stellten wir unsere Verhandlungen um und erwarben schließlich 50 ha von Hohenwinkel und 90 ha von Feldersheim, sodass unser geplantes Feriendorf schließlich eine Fläche von 140 ha umfasste.

Ursprünglich wollten wir den Golfplatz, über den nach Schwarzenberg auch das Schieferdorf verfügen sollte, in Richtung Feldersheim bauen. Dies war jedoch nicht zu finanzieren, denn da die umliegenden Flächen durch die jahrzehnte- und jahrhundertelange Praxis der Erbteilung in viele „Schnürsenkelgrundstücke" zersplittert waren, konnte uns niemand ein ausreichend großes, zusammenhängendes Grundstück anbieten. Also planten wir den Golfplatz inmitten des Schieferdorfes und legten die Bebauung so an, dass sie den Golfplatz umschloss. Unerwartet gab es nun allerdings Schwierigkeiten mit den Feldersheimer Bürgern, die jedoch nach einer Gemeindeversammlung unseren Plänen zustimmten. Den Hohenwinkelern musste ich in der Stadtratssitzung hingegen nur zusagen, dass noch ein weiterer Teil Hohenwinkeler Geländes in die

Planungen miteinbezogen wurde, sodass sich die Grundfläche auf fast 200 ha vergrößerte und nun bis an das Schwimmbad und den Stadtrand reichte.

Mit unserem Feriendorf in Feldersheim bzw. Hohenwinkel planten wir an einem historischen Ort. Denn wie die Existenz von Römergräbern beweist, war diese Gegend schon vor mehr als 2 000 Jahren bewohnt. Auch für das Mittelalter sind ein Dorf mit einer Kirche und mehreren Bauernhöfen verbürgt. Die Wüstung dieses Ortes veranlasste uns dazu, den durch unsere Planungen neu entstehenden Ortsteil von Hohenwinkel „Schieferdorf" zu benennen.

Bei den Untersuchungen des Geländes sahen wir, dass Schulgruppen unter der Leitung ihres Lehrers vom Schullandheim in Hohenwinkel dort so etwas wie archäologische Grabungen durchgeführt und Teile der Fundamente von Bauernhöfen sowie der Kirche freigelegt haben. Inzwischen sieht man davon jedoch nichts mehr. In der Zeit unseres Baubeginns waren auf den geografischen Karten bereits die Stellen gekennzeichnet, an denen es Römergräber geben sollte. Natürlich haben wir auf sie in unserer Planung Rücksicht genommen. Jedoch fanden wir während der Vermessungsarbeiten und der Vorbereitung der Baustellen und Straßen ein weiteres Römergrab, das dann zuerst vom Amt für Archäologie in Mainz untersucht wurde. Diese Überprüfung haben wir mit unserem Baugerät unterstützt; so haben wir z. B. auf Anweisungen der Experten mit einem Bagger einen ersten Schnitt durch den Sandhügel vorgenommen, unter dem das Grab vermutet wurde. Dabei zeigte sich, dass der Sandhügel keinen einzigen Stein enthielt; vielmehr musste die Ausschüttung über dem eigentlichen Grab sehr fein ausgesiebt worden sein. Schon im nächsten Jahr führten wir einen weiteren Schnitt durch das Grab aus, bei dem der Bagger allerdings leider den Deckel einer aus Stein gemeißelten Graburne sowie eine der beiden enthaltenen Urnen (eine enthielt die Asche des Toten, eine andere die Grabbeigaben) beschädigte. Beides reparierten die Archäologen jedoch so, dass die Schäden nachher nicht mehr sichtbar waren. Die von ihnen bei uns belassenen Teile der Graburne, die immerhin die Fläche von 60 x 90 cm hatte, verwahrten wir einige Jahre bei uns im Pavillon auf, bis wir sie auf Bitten der Museumsdirektion Hohenwinkel dem örtlichen Museum übergeben haben.

Wir fanden noch ein weiteres Grab, ein so genanntes Hügelgrab, das wie ein Kegel aufgebaut war. Dazu hatten seine Erbauer zunächst aus Feldsteinen eine innere Grabkammer gemauert, dann ein rundes Mauerwerk angelegt. Durch eine Öffnung konnte dann der Tote ins Innere des Grabes gelegt werden, bevor der Innenraum bis zum Rand des fast 1,50 m hohen Gemäuers mit Feldsteinen aufgefüllt wurde. Schließlich wurde auch die Öffnung geschlossen. Bei den Ausgrabungen, bei denen man im Innern des Grabes sowohl Grabbeigaben als auch eine Glasurne mit der Asche des Toten sicherstellte, schien es so, als ob Grabräuber am Werk gewesen wären. Denn mehr als ein Drittel des Mauerwerks war verschwunden. Es zeigte sich jedoch, dass die Erbauer der nahen Römerstraße die Steine genommen hatten, um sie dort zu verbauen. Bevor wir allerdings den noch vorhandenen Rest der Steine dazu verwenden konnten, aus ihnen ein Erinnerungsmal an das Grab zu errichten, holten sie sich moderne Grabräuber aus der Umgebung, sodass wir unser Vorhaben aufgeben mussten.

Direkt daneben fand sich ein weiteres Grab, das – später als Brandstätte charakterisiert – wiederum völlig anders aufgebaut war: Ihm fehlte jegliche Einfassung oder Umgrenzung. Wie in einer kleinen Schale fanden wir stattdessen die Knochen des Toten sowie einige Grabbeigaben. Andere Gräber wurden weder von uns noch von den Mainzer Archäologen geöffnet – einige von ihnen lagen inmitten des Geländes, auf dem wir laut Bebauungsplan unsere Straße errichten sollten. Um sie zu schonen, erreichten wir jedoch beim Bürgermeister die Anordnung, den Straßenverlauf zu verändern. So zeugt heute eine Schleife in der Straße, mit der wir die Gräber umgingen, von ihrer Existenz.

Schließlich gab es noch eine weitere Grabstelle hinter dem ersten Loch des Golfplatzes. Zwischen dem heutigen Golfhotel und Bahn eins entdeckten wir bei den Baggerarbeiten wohl Überreste eines mittelalterlichen Hofes. Zwar haben wir letzteren Fund bei der Denkmalbehörde gemeldet, doch erhielten wir die Anordnung, dort weiter zu bauen. Um ihn nicht zu beschädigen und für eine spätere Untersuchung zu erhalten, haben wir unseren Fund schließlich überbaut. Für uns war es nämlich selbstverständlich, auf kulturhistorische Begebenheiten Rücksicht zu nehmen. Es war auch klar, dass wir nicht auf einem Römergrab einen Abschlag des

Golfplatzes anlegen würden – auch wenn dies ein Archäologe zwischenzeitlich gegenüber der Presse behauptet, später sich jedoch nicht zu wiederholen gewagt hatte.

Nachdem wir die Zustimmung der Stadt- und Gemeinderäte wie beschrieben eingeholt hatten, wurden wir mit einer Veränderung der Gemeindeführung konfrontiert. Denn der Verbandsbürgermeister, dem wir zu verdanken hatten, dass die Verhandlungen zustande gekommen waren, setzte sich zur Ruhe. Sein Nachfolger war sowohl ein Mann der Wirtschaft als auch der Politik – als Fachingenieur im Tage- bzw. Untertagebau konnte er sowohl unsere als auch die Bedürfnisse der Gemeinde gut beurteilen. In der Folge bewirkte er, dass einige bereits getroffenen Vereinbarungen und notariellen Beurkundungen neu gefasst wurden, was zwar für uns einige Opfer bedeutete, aber auch den Vorteile in Bezug auf die Nutzung der Kläranlage, die Lage der Straße, die Vereinbarungen mit dem Wasserwerk und über die Erschließung hatte. Fest blieben wir darin, dass wir das Gesamteigentum des zu bebauenden Grundstücks erwarteten und die Projektentwicklung übernahmen und damit auch die Entwürfe vorgaben, die schließlich zur Neufassung des Bebauungsplan führen sollten. Dabei mussten wir uns jedoch nicht nur mit Stadt und Gemeinde, sondern in mancherlei Hinsicht auch mit der Landesregierung einigen, da dieser damals die Hoheit über die Genehmigung solcher Bebauungspläne oblag. Zum Glück ging dies alles jedoch in großer Fairness und Hilfsbereitschaft von allen Seiten von sich und führte so zum Abschluss der Planung, zur Verabschiedung und schließlich auch zur Rechtskraft des neuen Bebauungsplans. Damit wurde nun auch der Kaufpreis fällig.

1977 konnten wir endlich mit der Erschließung des Areals beginnen. Wie in unseren anderen Anlagen errichteten wir eine Zufahrt bis an das Schwimmbad, ebenso die Anschlüsse an die Kläranlage und eine Brücke über den Bach. Außerdem finanzierten und erstellten wir wiederum die innere Infrastruktur unseres Areals. Dass der Golfplatz nun im Inneren der Bebauung lag, verteuerte diese Maßnahmen jedoch erheblich, da das Baugebiet immer nur einseitig zur Bebauung und für die Erschließungseinnahmen zur Verfügung stand. Zugleich mussten wir die Gemeinde bei den Erschließungsarbeiten durch die Übernahme von Bankbürgschaften unterstützen. Dabei vermieden wir jedoch die anfängliche Vorstellung, eine Bürgschaft über die Gesamtkosten zu stellen – angesichts der hohen Summe von fast 15 Mio. Mark hätte uns dies sofort jeglichen finanziellen Handlungsspielraum genommen. Stattdessen einigten wir uns unter Federführung des Verbandsbürgermeisters auf Teilbürgschaften, mit denen jeweils einzelne Bauabschnitte gesichert wurden.

Da unser Vorprojekt im Taunus nun abgeschlossen war, zogen wir unsere erfahrene Mannschaft samt Büro und Baupavillon nun nach Hohenwinkel, wo wir mitten im Wald unseren ersten Posten eröffneten. Hatten wir der Gemeinde zugesagt, ein Hotel, eine Tennisanlage, eine Reitanlage, etwa 50

Ferienhäuser sowie den bereits beschriebenen Golfplatz innerhalb von 15 Jahren Bau- und Entwick-
lungszeit anzulegen, sind wir diesen Zusagen tatsächlich innerhalb der anvisierten Zeit nachgekommen.
Zudem errichteten wir auch den ersten Bauabschnitt
des geplanten Center II, von dem später noch die
Rede sein wird.

Schon zu Beginn unserer Erschließungsarbeiten
stießen wir jedoch auf Schwierigkeiten, da sich zwischen Feldersheim und der Gemeinde Hohenwinkel Streitigkeiten entwickelten. Diese entstanden
dadurch, dass Hohenwinkel als übergeordnete Gemeinde den für Feldersheim ausgehandelten Ver-
kaufserlös vorenthielt und für ihn stattdessen die
Kanal- und Wasserversorgung erneuerte. Dieses
Handeln lässt sich zwar wohl auf rechtliche Vorschrif-
ten zurückführen, führte aber zu Aufregung und
Protesten in Feldersheim. Versuche Hohenwinkels,
Feldersheim einzugemeinden, scheiterten entsprechend am Widerstand der Gemeinde. Schließlich
entschied sich Feldersheim, den Hohenwinkelern
das neu entstehende Schieferdorf vollständig zu
überlassen und sich aus Baudurchführung etc. zu-
rückzuziehen. Entsprechend zog die Gemeinde ihre
Gemarkungsgrenze an die Grenze des Bebauungsplans zurück, womit wir nunmehr nur noch auf
Hohenwinkeler Gebiet arbeiteten. Was unbedeutend
klingt, hatte für uns jedoch deutliche Konsequenzen. Denn nunmehr begann Feldersheim, unsere
Arbeiten systematisch zu behindern. So wurde die
Zufahrt von Feldersheimer Gebiet zum Schieferdorf
gesperrt und mit einer Schranke versehen, die es
noch nicht einmal den Feldersheimer Bürgern ge-

stattet, auf direktem Weg auf das Gelände des Ferienparks zu fahren. Stattdessen mussten und müssen auch diejenigen, die im Schieferdorf arbeiten, entweder zu Fuß oder mit dem Fahrrad oder aber mit dem Auto über einen Umweg über Hohenwinkel kommen. Es ist zwar verständlich, dass Feldersheim durch die Schranke verhindern wollte, dass der Ort von den Besuchern und Angestellten des Schieferdorfes überrannt bzw. als bloße Durchfahrt benutzt wird - dass diese Bedenken durchaus berechtigt waren, zeigten die ersten Wochen ohne Schranke –, für uns jedoch bedeutete die Absperrung jedoch im bildhaften Sinne eine Einschränkung. Diese besserte sich erst, als wir die Zufahrt vom Hohenwinkeler Gebiet in eine richtige Straße ausbauen konnten.

Vor allem in den ersten Jahren war die Zusammenarbeit mit den Hohenwinkelern gut, was vor allem der Persönlichkeit des Verbandsbürgermeisters zu verdanken ist, der später in Personalunion auch Bürgermeister der Stadt Hohenwinkel war. Viele für uns wichtige Beschlüsse des Verbandsgemeinderats hat er auch ohne unsere Beteiligung herbeigeführt. Immer wieder mussten nämlich z. B. kleine Teile des Bebauungsplans an die jeweils aktuellen Markterfordernisse angepasst werden, was Dank seiner Unterstützung kurzfristig und ohne große Probleme ermöglicht wurde. Als Gegenleistung verlangte die Stadt, die noch heute von den hohen Steuereinnahmen des Schieferdorfes profitiert, jedoch immer wieder Investitionen, die aus unserer Sicht eigentlich nicht nötig gewesen wären. So haben wir noch bis vor wenigen Jahren auf der

Zufahrt, die laut Vertrag zum Besitz der Gemeinde gehört, für den Winterdienst und anfallende Ausbesserungsarbeiten sorgen müssen – wenn auch mit einem nachlassenden Anteil von zunächst 60, zuletzt noch 25 %. Bis heute zahlen wir zudem Steuern und Straßenbeleuchtung, weil die Stadt die vertragsgemäße Übernahme der Straßen immer wieder hinausgeschoben hat. Im Gegenzug hat die Gemeinde es unterlassen, den Fremdenverkehr durch eigene Werbemaßnahmen zu unterstützen und zu fördern. Lediglich in einem Fall ist es dem Verbandsbürgermeister gelungen, fast verlorene Zuschüsse für den Ausbau des Hotels sowie des Hotelumfelds doch noch zu bekommen. Wir selbst mussten den Zuschuss allerdings durch den gleichen Investitionsbetrag ergänzen. Die Gemeinde hat dann zudem den größten Anteil des Förderbetrags dazu genutzt, die Straße bis zum Beginn unseres Ausbaus zu errichten, den Restbetrag jedoch anderweitig investiert. Statt gemeinsam mit uns in ein größeres Freizeitbad auf dem Gelände des Schieferdorfs zu investieren, hat die Gemeinde zudem immer wieder Geld in die Sanierung seines maroden Schwimmbads investiert und Beschlüsse zu einer Zusammenarbeit mit uns aufgeschoben und verhindert.

Schon von Beginn unserer Planungen in Hohenwinkel an haben wir uns um Partner für die Realisierung bemüht. Denn für uns allein wäre es unmöglich, auf jeden Fall jedoch nicht einfach, gewesen, ein Projekt dieser Größenordnung anzufassen. Ich bin mir sicher, dass wir es letztlich der Unterstützung der Mutter Gottes verdanken, dass wir einen solchen Partner genau im richtigen Moment im niederländischen Makler- und Immobilienunternehmen BKM fanden. Zu ihnen stießen wir mehr oder weniger durch einen Anruf des bereits genannten Hohenwinkeler Notars. Er berichtete mir, dass bei ihm seit mehreren Stunden die beiden Geschäftsführer der BKM saßen und mit mir in Kontakt treten wollten. Denn sie hatten den Auftrag ihres Mitgesellschafters van Bommeltje, ein geeignetes Investment zu suchen. Dass sie das Schieferdorf dabei schon länger ins Auge gefasst hatten, merkte ich bei unserem anschließenden Treffen daran, dass sie die Bereiche, die sie übernehmen wollten, bereits auf ihren Plänen gekennzeichnet hatten. Sie umfassten ganze Bauabschnitte, insgesamt etwa ein Drittel des Parks. So gelang es meinem Partner Günther Bechtholdt und mir innerhalb einiger Monate, mit der BKM einen für uns lukrativen Vertrag abzuschließen. Er beinhaltete nicht nur die von ihnen gewünschten Bauabschnitte, sondern auch die Beteiligung an den Entwicklungskosten dreier damals parallel geplanten Projekte. Gleichzeitig vereinbarten wir feste monatliche Zuschüsse zu unseren Entwicklungskosten.

Dass wir mit der BKM einen ersten Partner und starken Investor gefunden hatten, half uns, die parallel geplanten aber nach dem kurzfristigen Scheitern des bereits genannten Projekts an der Talsperre eingestellten anderen Projekte mitzufinanzieren, und ermöglichte uns, im Schieferdorf mit ausreichenden Finanzmitteln zu beginnen. Dabei gestaltete sich die Zusammenarbeit mit den beiden Geschäftsführern sehr angenehm, bis wir irgendwann das Gefühl hatten, sie hätten zu viel Einblick in unsere persönlichen unternehmerischen Überlegungen. Uns schien es, als würden sie uns ständig in die Karten gucken, um sich dann aus diesem Wissen Vorteile zu erschleichen. Dennoch arbeiteten wir einige Jahre zusammen – bis van Bommeltje anfing, die Entscheidung seiner Geschäftsführer in Frage zu stellen, in Hohenwinkel über so lange Zeit eine hohe Investitionssumme einzubringen. Auch die vereinbarten monatlichen Zahlungen für die Erschließungskosten schienen ihm zu hoch und gemessen an den Verdienstchancen unangemessen. So drängte er auf den Ausstieg der BKM. Zum Glück hatten wir in den Verträgen festgelegt, auf Auseinandersetzungen vor öffentlichen Gerichten zu verzichten und stattdessen bei Streitfällen eine Vereinbarung über ein Schiedsgutachten zu finden. Entsprechend begaben wir uns nun vor ein Schiedsgericht, welches zu einem für uns tragbaren, für die BKM aber mit schweren Verlusten verbundenen Agreement kam. Damit hatten sich die Niederländer die Finger verbrannt, wir aber waren gut aus den Verträgen herausgekommen und konnten auf einen guten Anfangserfolg unseres Schieferdorfes zurückblicken. Denn immerhin war inzwischen ein Drittel des Ferienparks verkauft.

Insgesamt bewerte ich die Zeit der Zusammenarbeit mit der niederländischen Immobilienfirma so heute positiv. Nur in einem Bereich war es zu Schwierigkeiten gekommen: dem Vertrieb. Mein bester Verkäufer nämlich war während seiner Arbeit ein wenig vom rechten Weg abgekommen und hatte sich durch nachträgliche Sonderprovisionen für die

Berücksichtigung von Sonderwünschen der Bauherren bereichert. Natürlich rechtfertigte dieses Verhalten, dass wir auf Drängen unseres Partners sofort die Kündigung aussprachen. Dennoch hätte ich Bürger, der mit aller Kraft und der Hilfe seines Anwalts versuchte, seinen Fehler wieder gutzumachen, gerne behalten. Denn es ist für ein Unternehmen, das auf den Verkauf ausgerichtet ist, sehr schlimm, einen fähigen Verkäufer zu verlieren. Dass ich mich damals durch das Drängen der BKM und das Schweigen meines Partners Bechtholdt dazu entschied, an der Kündigung festzuhalten, war ein Fehler. Denn Bürger übernahm kurze Zeit später ein ähnliches Projekt im Nachbarort, für das er innerhalb kurzer Zeit 100 Einheiten verkaufte, was es uns bei lediglich etwa 20 Objekten gelang.

11. Eine neue Geschäftsidee

Unsere Projekte Minderzhagen und Schloss Schwarzenberg hatten wir bereits fertig gestellt und auch in unserem letzten Projekt, Schieferdorf, waren wir schon einige Jahre aktiv, als sich zeigte, dass wir besonders kräftige Investitionen und Partnerschaften brauchen würden, um dieses so umfangreiche Projekt zumindest einigermaßen zeitgemäß abzuschließen. Zu dieser Zeit hörten wir von unserem Stammsitz in Minderzhagen, das wie beschrieben direkt an der niederländischen Grenze liegt, von Ergebnissen sagenhafter Höhe, die in den Niederlanden unter dem Investitionskonzept „Center-Parcs NL" erzielt wurden. So erreichte uns die Nachricht, dass die Ferienhausbelegung jährlich Quoten von 97 bis 98 % erreichte, was wir nicht für möglich hielten. Vielmehr interpretierten wir die Zahlen als reine Reklame. Hatten wir doch die Erfahrung gemacht, dass sich die Ferienhäuser lediglich in der kurzen Zeit der Hochsaison zu 80 bis 100 % belegen ließen, im Rest des Jahres jedoch auch unter Berücksichtigung von Sonderangeboten für die Wochenenden zu nicht viel mehr als 30 oder 40 %. Selbst in unseren Ferienhäusern in Minderzhagen erreichten wir trotz so genannter Deckungsbeitragskalkulationen nur 60 bis 70 % Auslastung. Dabei rechneten wir so, dass wir die Wohnungen außerhalb der Hochsaison für einige Mark mehr als die Energiekosten vermieteten.

Dennoch hat es zwei oder drei Jahre gedauert, ehe ich mich entschloss, einen der Center-Parcs zu besuchen. Dieser lag nicht allzu weit von Minderzhagen entfernt, an der niederländischen Grenze zu Deutschland. Was ich hier und den anderen Parks, die ich später besuchte, sah, hat mich überrascht: Bereits durch die bauliche Konzeption und die Erschließung der Parks wurden Autos aus dem Feriendorf herausgehalten. Stattdessen waren große Parkplätze vor dem Eingang zu den Feriendörfern und vor der Rezeption angelegt. Diese fassten über 1 000 Autos, in manchen Anlagen sogar noch mehr. Zu meinem großen Erstaunen waren die Parkplätze fast immer komplett belegt – und das zu jeder Jahreszeit, wie ich bei mehr als 40 Folgebesuchen unterschiedlicher Parks mit und ohne Geschäftspartner festgestellt habe! Gleichzeitig spielte mir ein niederländischer Freund Geschäftsbeschreibungen und Bilanzen der Center-Parcs-Aktiongesellschaften zu, die schon damals zu einem großen Konzept zusammengefasst haben. Dadurch lernte ich das niederländische Geschäftsmodell immer besser kennen.

In meiner Tätigkeit als Unternehmer habe ich viele niederländische Geschäftsleute kennen und ein wenig fürchten gelernt. Meines Erachtens gibt es dort einige überdurchschnittlich begabte Unternehmer. Zu ihnen zähle ich auch Pieter Derksen, von dem die Idee der Center-Parcs stammt, der aber bereits zuvor einige interessante Konzepte entwickelt hatte. So besaß er vor den Ferienparks bereits einige Kaufhäuser und Geschäfte, die er als Kette ausbaute und mit denen er in allen Großstädten vertreten war. In ihnen handelte er mit Sportartikeln und allem, was mit Camping zu tun hatte. Schließlich hat er auch eigene Campingplätze angelegt, die natürlich auch auf Rentabilität ausgerichtet waren. Sein Freund John Fämel, ein Architekt von großem Format, hat dann gemeinsam mit ihm das Konzept der Center-Parks entwickelt. Die hier vermieteten Häuschen bestanden anfangs jedoch nicht aus soliden Festbauten, sondern waren Häuser mit Seitenwänden, die mit Zeltdach abgedeckt waren. Als wir diese kennenlernten, waren wir sehr erstaunt darüber, dass sich solcherart „befestigte Zelte" überhaupt vermieten ließen. Um die Nachfrage nach Unterkünften in seinen Ferienparks zu steigern und hochzuhalten, errichtete Derksen in jedem der kleinen Feriendörfer ein Schwimmbad. Als dies nicht reichte, entwickelte Flämel eine Art Zirkuszelt, das über die Schwimmbäder gespannt wurde. Es hatte zunächst die Form eines Regenschirms und wurde später um durchsichtige Seitenteile ergänzt. Mit den Jahren entstanden aus diesen Anfängen die Freizeitbäder, für die die Center-Parcs heute bekannt sind. So traten zunächst richtige Schwimmhallen neben die „Regenschirmkonstruktionen", bevor sich diese zu karibischen Freizeitbädern weiterentwickelten – mit Palmen, Bananen und tropischen Pflanzen, wie es sie an den natürlichen Orten an den Meeren der Welt gibt. Auch gab es keinen sichtbaren Bademeister, sondern nur verborgene Aufsichten. Zudem wurde, anders als es damals in Schwimmbädern üblich war, auf Verhaltensregeln wie z. B. die Bademützenpflicht verzichtet. Dafür gab es ausreichende Sitz- und Liegemöglichkeiten, mehrere kleine

Schwimmbecken für Kinder, Whirlpools in verschiedenen Temperaturstufen und Größen und viele so genannte Foodstations, an denen man sich Eis, Pommes Frites und alle anderen möglichen Leckereien kaufen konnte, die auch innerhalb des Schwimmbades verzehrt werden durften.

Doch waren die beschriebenen Erlebnisbäder nur ein Teil des Ferienparks. Auch alles andere, was nötig war, um die Bedürfnisse der Feriengäste zu bedienen, integrierte Derksen in die Parkfläche. So fanden sich immer fünf oder sechs verschiedene Gastronomien, die zwischen Pommesbude und Gourmetrestaurant ein breites Spektrum an Geschmäckern abdeckten. Natürlich gab es außerdem immer auch Geschäfte vom „Tante Emma-Laden" bis zum Supermarkt, Läden für Sport- und Unterhaltungsartikel, daneben aber auch Spielhallen, kleine Sportfelder und manchmal auch Tennisplätze – alles unter einem gewaltigen, architektonisch hervorragend gestalteten und zumeist auch belüftbaren Dach. Durch die hier angebotenen gastronomischen Angebote waren die Gäste nicht auf eine Eigenversorgung angewiesen waren, sondern konnten, wie ich sagen würde, „ihr Portemonnaie an der Rezeption abgeben" und von den hier erworbenen Gutscheinen auf dem Gelände bezahlen.

Derksens Konzept sah schließlich auch vor, die Mieten für die Ferienhäuser über das ganze Jahr verteilt stark zu differenzieren und auch auf Wochenenden und Wochentage, für kleine Feiertage und Ferienzeiten anzupassen. Grundsätzlich wurden jedoch drei und vier Tage angeboten, sodass jeweils am Freitagabend viele Menschen anreisten, die am Montagmorgen wieder abreisten. Umgekehrt reisten auch am Montagabend zahlreiche Gäste an, die bis zum Freitagmorgen im Park blieben. Den großen Andrang konnten die Ferienparks durch die großen Parkplätze und die großzügig bemessenen und gut besetzten Rezeptionen organisatorisch gut bewältigen. Als Gast durfte man sein Gepäck mit dem Auto bis ans Ferienhaus bringen, dann aber war man verpflichtet, dieses wieder auf den großen Parkplatz zu stellen. So blieb der Park eine weitgehend verkehrsfreie Zone, was ihn für Kinder zu einem absolut gefahrenfreien Spielbereich machte.

Zeigt sich schon im Ausschluss der Autos vom Gelände die große Familienfreundlichkeit der Parks, setzt sich diese darin fort, dass die Ferienhausmiete den ganztägigen Eintritt in die Schwimmbäder einschloss. Nur bei sehr großem Andrang wurden die Eintrittszeiten leicht rationiert. Dies zog vor allem Familien mit Kindern, aber auch Großfamilien und Freundeskreise an. Auch die Ausstattung der Häuser unterstützte dies, denn jedes Ferienhaus hatte vier bis acht Schlafgelegenheiten. Dies und die vorhin beschriebenen Angebote der Gastronomie und des Freizeitbereichs erklärten, dass es in der Tat eine Belegungsquote von mehr als 90, manchmal sogar von 100 % gab. Nach einem kurzen Einbruch nach der Einführung des Euro werden in den Center-Parcs auch jetzt wieder Quoten von 89 % erreicht. Bis heute sind die Parks in vielerlei Hinsicht vorbildlich. Allerdings ist es uns nie gelungen, mit Center-Parcs eine Partnerschaft aufzubauen, was jedoch auch wirtschaftlich zu erklären ist. Später hat Derksen aus seinen 16 Parks eine Aktiengesellschaft und eine Stiftung gegründet. Von den Aktien hat er zunächst 55 %, später dann auch den Rest der Anteile an eine schottische Brauerei verkauft. Dabei gab er so genannte Miniaktien aus, die jeder kaufen konnte, wodurch es ihm relativ leicht gelang, Eigenkapital in größerem Umfang zu generieren. Die Brauerei hat die Parks schließlich, zuerst mit Beteiligung der Deutschen Bank, wiederum an einen französischen Ferienhausbetreiber veräußert.

Nachdem ich es aus eigener Ansicht kennengelernt hatte, erschien mir Derksens Konzept so einsichtig, nachvollziehbar und anerkennenswert wie der Satz des Pythagoras. Auch die Partner und Beteiligten, die ich zur Schaffung eines Zentrums nach diesem Vorbild im Schieferdorf benötigte, konnte ich schnell von seiner Wirtschaftlichkeit überzeugen – besonders wenn ich sie zu Besuchen in den niederländischen Center-Parcs bewegen konnte. Einzig der damalige Landrat, der den Bau des Schieferdorfs gefördert hatte und mir ein enger Freund wurde, äußerte Bedenken und erklärte: „Herr Vogler, ich habe Angst um Sie. Das Risiko ist zu groß." Da sein Kalender durch seine berufliche Tätigkeit stets ausgebucht war, war es mir lange nicht möglich, ihm mein niederländisches Vorbild vor Ort zu zeigen. Als er dann schließlich einen Sonntag für einen Besuch zur Verfügung stellte und wir zusammen in die Niederlande reisten und zwei oder drei Parks besuchen konnten, änderte er seine anfängliche Einschätzung jedoch. Denn alle Parks waren gleich hoch belegt und entsprechend kam jeder meiner Partner, den ich zur Rezeption schickte, um kurzfristig ein Ferienhäuschen zu mieten, mit einer Absage der Parkverwaltung zurück. Ich wusste aus meinen vorherigen Besuchen natürlich, dass eine so kurzfristige Anmietung immer wegen der hohen Auslastung der Parks immer misslang und nutzte dies, um meinen Partner von diesem Konzept zu überzeugen. So erklärte auch der Landrat nach diesem Sonntag, nun an meine Idee zu glauben: „Das wird Ihnen gelingen!" Ähnlich ging es mir mit einem Partner, für den ich bereits in Schwarzenberg Appartements gebaut hatte. Mitten im Februar war er von der nahezu vollständigen Auslastung der ihm von mir präsentierten Center-Parcs begeistert.

So prüften wir, ob wir mit den äußeren Gegebenheiten unseres Schieferdorfes die Bedingungen zum Bau eines nach unserem niederländischen Vorbild ausgerichteten Ferienparks erfüllen konnten. Und tatsächlich war auf unserem Areal noch genug Platz frei für 600 bis 700 Ferienhäuser mit verschiedenen Bettenstückzahlen, ein kleineres Hotel und das beschriebene Zentrum mit Schwimmbad und allen anderen Versorgungs-, Verkaufs- und Unterhaltungseinrichtungen. Begeistert entschieden wir uns so, dem Vorbild der niederländischen Center-Parcs zu folgen und das bereits von uns begonnene Schieferdorf entsprechend weiterzuentwickeln. Dafür überzeugten wir unsere Partner in Stadt und Verbandsgemeinde, Kreis und Bezirksregierung und auch mehrere Banken und Finanzierungsinstitute. Da wir für unser Projekt nach ersten Schätzungen jedoch über 100 Mio. Mark investieren mussten, brauchten wir für einen neuen finanzkräftigen Partner.

Hatte Günther Bechtholdt sich zu meinem großen Bedauern schon vorher leicht, aber dennoch spürbar von unserem Vorhaben in Hohenwinkel distanziert, lehnte er den geplanten Ausbau des Feriendorfs in einen Park nach benanntem Vorbild vehement ab, da er meinte, wir würden uns damit übernehmen. Da ich aber mit der Unterstützung meiner anderen Partner im Rücken am Projekt festhielt, bat er mich schließlich, ihn auszuzahlen und aus der Firma zu entlassen. Diesem Wunsch bin ich nachgekommen, indem ich ihn mit der Übertragung einiger Grundstücke und der Zahlung von Geld abfand. Leider verlief die Trennung jedoch nicht ganz harmonisch; zudem siedelte sich Bechtholdt im Schieferdorf an und machte uns dort mit seiner Abfindung als Basis als Makler Konkurrenz.

Dass Bechtholdt die Freude an unserer gemeinsamen Zusammenarbeit verloren hatte, führe ich auf die Entscheidung zurück, Siegfried Stadler als weiteren Teilhaber in unsere Gesellschaft aufzunehmen. Zwar war auch Bechtholdt einverstanden gewesen, war aber dennoch innerlich nicht glücklich damit.

Wie groß der Fehler war, Stadler wieder einzustellen und an unserer Gesellschaft zu beteiligen, sollte sich erst Jahre später herausstellen. Jedoch war unser durch Stadlers Beteiligung nun wieder enger werdendes Verhältnis schon vorher von einem ständigen Auf und Ab gekennzeichnet. So hatten Reuter, Renske und ich Stadler bereits in unserer Minderzhagener Zeit als Chefbuchhalter eingestellt und ihn kurze Zeit später auch zum Prokuristen ernannt. Wir hatten ihm jedoch fristlos kündigen müssen, als er nicht seiner Aufgabe nachgekommen war, für uns über den Übernahmepreis für eines in die Knie gegangenen Unternehmens zu verhandeln, sondern stattdessen selber versucht hatte, dieses zu kaufen. Stadler hatte sich seiner Kündigung jedoch vor dem Arbeitsgericht widersetzt und – für mich nicht nachvollziehbar – Recht bekommen. So sollten wir ihm noch für mehrere Monate Lohn bezahlen. Ich weigerte mich, bot aber an, das Urteil zu akzeptieren, wenn er als freier Mitarbeiter weiter für uns arbeiten würde. Zwar wollten wir Stadler eigentlich nicht mehr in unserem Unternehmen haben, doch mussten wir uns damals eingestehen, dass Stadler in seiner Zeit bei uns so viel gelernt hatte, dass er für uns zu einem mehr oder weniger unverzichtbaren Spezialisten für die so genannte Unternehmensplanung, Cashflow und die Finanzplanung entwickelt hatte. Ohne einen Kompromiss wäre uns dieses Spezialwissen nun verloren gegangen.

Tatsächlich hatte sich de Zusammenarbeit in den folgenden Jahren und vor allem während unseres Engagements in Schwarzenberg wieder verbessert. So hatte Stadler uns zum Beispiel im Namen seines neuen Arbeitgebers, der Firma Boltes, in Schwarzenberg mit dem Bau von 28 Ferienhäusern beauftragt. Bei Boltes war Stadler zu dieser Zeit Prokurist, ist jedoch auch in den folgenden Jahren nicht bis zum Führungsgremium um den Firmeninhaber aufgestiegen. Dennoch war er ein Fachmann für die Kalkulation und Vorbereitung von Bauvorhaben geblieben und verkaufte sehr erfolgreich. Dass er bzw. seine Firma dabei so kalkulierte, dass die gemeinsamen Projekte auch für uns einen satten Gewinn abwarfen, lag, wie sich später zeigte, an ihrem Umgang mit den Baufirmen. Die Verträge und Kontrollsysteme waren nämlich so angelegt, dass viele Handwerker die Bauabnahme nur mit eigenem Verlust erhielten. Zwar war bereits dieses Verhalten anstößig, doch war Stadler schließlich auf ganz anderem Weg in Schwierigkeiten geraten: Die Steuerfahndung hatte ihn ins Visier genommen und wollte ihn schließlich festsetzen. Boltes zeigte ihn zwar nicht wegen Untreue und Betrug an, wie die Steuerfahndung geraten hatte, entließ ihn aber fristlos. Das und die drohende Festnahme Stadler brachte auch uns in Schwierigkeiten, da Stadler aufgrund seiner Informationen für uns unersetzlich war. Entsprechend bemühte ich mich, beim Finanzamt durchzusetzen, dass Stadler auf freiem Fuß blieb, was mir gelang. Und auch Stadler schaffte es irgendwie, das Verfahren durchzustehen.

In dieser Situation haben Bechtholdt und ich uns nun entschieden, Reuter einzustellen und für eine Investition von 300 000 Mark als Gesellschafter in unsere Firma aufzunehmen. Die 30 % Anteile, die Reuter von uns erhielt, teilten wir auf, sodass schließlich meine Familie 40 % der Anteile hielt, Bechtholdt und Stadler jeweils 30 %.

13. Einstieg von Anneliese Mertens und Gründung der KIP

Nachdem wir die Stärken der niederländischen Center-Parcs sowie der Konkurrenz Gran Dorado kennengelernt hatten, machten wir uns auf die Suche nach einem finanzkräftigen Partner. Zusätzlich sprachen wir die besten Mitarbeiter unseres niederländischen Vorbilds an, und tatsächlich gelang es uns, den Rotterdamer Architekten John Flämel für unser Projekt im Schindelpark zu gewinnen.

Als Finanzpartner kamen wir hingegen zunächst mit einem Unternehmen in Kontakt, das ein ähnliches Projekt in der Lüneburger Heide bis zur Baureife gebracht hatte. Es war jedoch an den Interessen der Jäger gescheitert, deren Protest das Projekt zum Fallen gebracht hatte – ähnlich wie es uns damals bei unserem Projekt an der Talsperre geschehen war. Zu dem norddeutschen Projekt gehörte auch eine Gruppe von Fachleuten und kapitalkräftigen Partnern, deren Kapital just in dem Moment bereits bereit stand, in dem wir in Hohenwinkel die Baugenehmigungen eingeholt und den ersten Anfang erfolgreich hinter uns gebracht hatten. Recht bald hatten wir mit ihnen die Verhandlungen abgeschlossen und bereiteten uns auf die offizielle Unterzeichnung des Vertrags vor, den unser Rechtsanwalt unter Opferung einiger Urlaubstage für uns entworfen hatte. Uns widerfuhr jedoch etwas, das für mich noch heute nahezu unglaublich ist: Just in dem Augenblick nämlich, in dem wir mit unseren zukünftigen Partnern in einer Konferenzschaltung saßen, um die Urkunden zu besprechen, erreichte uns die Nachricht, dass ein damals bekannter Projektentwickler, Investor und Steuerberater verhaftet worden war. Er hatte im ganzen Land riesige städtische Schwimmbäder – auch „faule" und nicht funktionierende – unter Vertrag genommen und dafür von den Städten die Grundstücke fast kostenlos bekommen. So hatte er im Ruhrgebiet ein neues und erstes Großbad nach dem Vorbild der Center-Parcs-Bäder errichtet, das mit einer Auffanggesellschaft fertig gestellt werden konnte und auch heute noch wirtschaftlich arbeitet, allerdings weder über ein Hotel noch über Ferienwohnungen verfügt. Ich kannte ihn flüchtig, da er über einen Brief an alle Steuerberater zu einem Seminar eingeladen hatte, auf dem er sein Konzept Beratungsfirmen und Bauträgern wie uns vorstellte. Mit 30 oder 40 Personen hatte auch ich damals an seinem Informationsprogramm teilgenommen und auch das Richtfest seines Großbads besucht. Nun jedoch kam besagter Steuerberater aufgrund von Steuerhinterziehungen und diverser Falschaussagen ins Gefängnis. Obwohl dieser Fall eigentlich nicht mit unserem Projekt in Verbindung stand, hatte er dennoch tiefgreifende Folgen für uns. Denn der Partner und Berater der mit uns zusammenarbeitenden Firma war ein Mann von gleichem Rang und gleicher Bedeutung in der damaligen Szene. Unsere Investoren verließ daher angesichts der genannten Meldung der Mut. Sie zogen sich aus den Verhandlungen zurück, haben ihre Investmentabsichten aufgegeben und sich nicht mehr mit Projekten dieser Art beschäftigt. Durch die Nachricht von der Festnahme des Steuerberaters war ihnen unser Modell, obwohl es mit dem des betrügerischen Steuerberaters nicht vergleichbar war, zu riskant geworden.

Aus dem Rückblick und den Erfahrungen, die wir der folgenden Zeit mit unseren Partnern sammeln mussten, würde ich heute sagen, dass der Kapitalgeber Recht hatte, der mir gesagt hatte, es gäbe bessere und sicherere Möglichkeiten, Geld zu verdienen. Damals aber fühlten wir uns durch unsere niederländischen Partner stark genug, unser Projekt zu verwirklichen. Zwar hatte Bechtholdt zur Vorsicht geraten und erklärt, er glaube nicht, dass wir ein so großes Projekt wirtschaftlich durchstehen könnten, Stadler jedoch hatte sich eindeutig für unser Projekt ausgesprochen.

Nach dem Ausstieg der genannten Investorengruppe gelang es uns zum Glück innerhalb weniger Monate, in Anneliese Mertens, der Inhaberin der gleichnamigen Großbäckerei, eine begeisterte neue Investorin für unser Projekt zu finden. Sie war eine Frau mit einer großen Persönlichkeit, denn sie führte das Unternehmen, das sie als kleine Dorfbäckerei von ihrem Vater unternommen und zu einem weit bekannten mittelständischen Unternehmen ausgebaut hatte, nicht nur mit harter Hand, fester Zielsetzung und klarer Führungskraft, sondern auch mit spürbarer Liebe und Zuneigung zu ihrem Geschäft.

Wie sich später herausstellte, war sie allerdings auch ziemlich harmoniebedürftig, weshalb sie ernsten Auseinandersetzungen zumeist lieber auswich, als sich ihnen zu stellen. Der Kontakt zu ihr war entstanden, nachdem einer unserer Mitarbeiter ihren Berater, Herrn Bornscheidt, kennengelernt und dieser ihr wiederum von unserem Projekt erzählt hatte. Mertens wollte so kurz nach der Wiedervereinigung eigentlich in Berlin investieren, wo zu dieser Zeit viele interessante Immobilien brachlagen. Nachdem sie sich jedoch näher über unser Konzept informiert hatte, entschied sie sich gegen die Berlin-Investition und trat mit der damals bereits von Siegfried Stadler und seinem ehemaligen Boltes-Kollegen Helmut Singer gegründeten „Klub im Park Immobilien"-Gesellschaft in Verhandlungen. Da ich eine selbständige Führung dieser Gesellschaft vorzog, um meine Geschäftspartner zusätzlich zu motivieren, habe ich selbst zunächst darauf verzichtet, mich an den Gesprächen zu beteiligen. Also führten Stadler und Singer mit Bornscheidt die Gespräche, die schließlich in einen Vertragsabschluss münden sollten. Doch verhinderte Rechtsanwalt Dückmann, der wie Bornscheidt dem Beirat der Großbäckerei angehörte, mit zahlreichen äußerst kritischen Fragen, dass Anneliese Mertens die Gesellschaftsverträge sowie die dazu gehörigen Gründungsverträge unterzeichnete. Sein ständiges Nachbohren und Herummäkeln provozierte mich so, dass ich ihn fragte, wozu er überhaupt da sei. Er habe als Notar nicht alles in Frage zu stellen, sondern habe den Willen der Parteien lediglich zu beurkunden. Daraufhin stieß mich Mertens unter dem Tisch an

und stellte klar, dass Dückmann zu ihrem Beratungs-
team gehörte und sich nicht mit ihrer Investition
einverstanden erklärt hatte. Hier sei also noch Über-
zeugungsarbeit nötig. Zwar waren die Verträge seit
längerem von Bornscheidt mit den Geschäftsführern der bereits gegründeten „Klub im Park" aus-
gehandelt und in seinem Auftrag vom Steuerberater der Bäckerei ausgearbeitet worden, sodass sie
uns nun unterschriftsreif vorlagen. Doch brachte
Dückmann den Steuerberater mit einer einfachen
Bemerkung über Beratungsmissbrauch und die
Rechte eines Steuerberaters zum Verstummen und
versprach dann Frau Mertens, die Verträge noch
einmal zu überprüfen. Diese sind dadurch nicht
besser, sondern vielmehr in einigen Details schlech-
ter geworden. Dennoch unterzeichnete Anneliese
Mertens sie erst in der von Dückmann überarbeite-
ten Fassung; dieser Erhielt für seine „Mühen"
zudem ein Entgelt in Höhe von 100 000 Mark.

Gemeinsam gründeten wir so die Gesellschaften
„Klub im Park Hotel GmbH & Co. KG" und „Klub
im Park Feriendorf GmbH & Co. KG", die wir zusammen kurz „KIP" nannten. Mertens' finanzielles
Engagement – eine Großinvestition von mehr als
100 Mio. Mark – bildete das Rückgrat unserer Un-
ternehmung. Auch ich beteiligte mich finanziell,
sodass Anneliese Mertens und ich nun Komman-
diten der Gesellschaften waren; die Anteile der
Hotel-Gesellschaft hielt Mertens allein, da sie sich
mit dem Hotel einen lang gehegten Wunsch erfüllen wollte. Seine Errichtung sollte meine neu gegründete „Sigismund Vogler Grundstücksverwer-
tungs- und Erschließungsgesellschaft Hohenwinkel"

(KGII) als Generalunternehmer übernehmen. Zudem war die Konstellation so gestaltet, dass Bornscheidt als Beirat dafür zuständig war, Mertens' Kapitalbeteiligung in ihrem und unserem Auftrag zu kontrollieren. Da ich Mertens und ihren Entscheidungen vertraute, übertrug auch ich schließlich meine Kapitalaufsicht an Bornscheidt. Als Geschäftsführer der beiden Gesellschaften setzten wir hingegen Siegfried Stadler und Helmut Singer ein. Ersterer kaufte sich als stiller Gesellschafter in unsere gemeinsame Gesellschaft ein, später übertrug er seine Anteile an seine Frau.

Vor allem in der Anfangszeit war das Vertrauen von Anneliese Mertens in mich und meine Arbeit groß. Das hatte sich schon in unserem zweiten Gespräch gezeigt, das wir in einem kleinen Restaurant in der Nähe ihres Firmensitzes geführt hatten. Denn nach dem Essen hatte sie mich in einen Nebenraum gebeten, um nun auch ohne ihre engsten Berater einmal mit mir zu sprechen. Dabei hatte sie mich wissen lassen, dass sie sich vor allem aufgrund des Vertrauensverhältnisses, das sich zwischen ihr und mir auch nach gegenseitigen Familienbesuchen entwickelt hatte, dazu entschlossen habe, mit mir gemeinsame Sache zu machen und mein Projekt zu realisieren. Auch bei der feierlichen Grundsteinlegung des Hotels, bei der ich Singer und Stadler als Redner auftreten ließ und mich selbst im Hintergrund hielt, saß Anneliese Mertens an unserem Familientisch. Meine Frau und alle meine Kinder waren zugegen, als sie noch einmal betonte, welch großes Vertrauen sie zu mir gefasst hatte: „Frau Vogler und die Kinder sollten wissen, dass ich nur eures Vaters wegen hier sitze. Ich bin mir sicher, dass wir hier ein zukunftsträchtiges Projekt verwirklichen können. Aber es ist ausschließlich unser Vertrauensverhältnis, das mich dazu gebracht hat, mich für es zu entscheiden."

13. Fehler führen zum Scheitern

Als wir Singer und Stadler als Geschäftsführer einsetzten, wussten wir noch nicht, zu welchen Handlungen sie fähig waren. Stadler hatte zu diesem Zeitpunkt wie beschrieben schon mehrere Jahre lang für uns gearbeitet und sich als erstklassiger Fachmann profiliert. Gemeinsam mit Singer kam er von einem niederrheinischen Bauunternehmen zu uns, das lange Zeit sehr große Investitionen nach den Steuermodellen getätigt hatte. Die Firma verfügte damals über hervorragende Verkäufer, die das erfolgversprechende Konzept gekonnt vermarkteten. Unter anderem gab es damals eine 20-jährige Garantie, die mit einem Wartungsvertrag verbunden war und dadurch eingehalten werden konnte. Erst später zeigte sich, dass Stadler und Singer bereits ihre vorherige Firma betrogen hatten.

Auch uns fügten sie viel und für die Pleite entscheidenden Schaden zu. In der Anfangszeit der beiden KIP-Gesellschaften konnten wir jedoch tatsächlich mehrere hundert Häuser verkaufen und den ersten Teil des Zentrums errichten – nicht aber das Erlebnisbad. Genau hierin aber sehe ich die Ursache des Scheiterns: Stadler und Singer haben durch einen Verzicht auf das Bad das Vorbild „Center-Parcs" zerstückelt und damit auch das Erfolgskonzept zerstört. Statt mein Konzept wie geplant weiterzuführen, stellten sie es derart um, dass sie die Ferienhäuser nun im Bauträgerverfahren und Steuermodell vermarkteten, und ließen Bornscheidt und Mertens glauben, so die für das Zentrum notwendigen Investitionen verdienen zu können. Das traf jedoch nicht zu, weshalb wir statt der ursprünglich geplanten 700 nun nur noch etwa 500 erstellen konnten.

Auch erforderte das von ihnen verkaufte Steuermodell, dass die KIP und damit auch die Großbäckerei, mit deren guten Namen auf den Investorenprojekten geworben wurde, Mietsicherheit garantierte. Dadurch, dass nun aber die Gäste aufgrund des fehlenden Freizeitzentrums ausblieben, verlor die KIP bzw. Frau Mertens jeden Monat mehr als 300 000 Mark wegen nicht eingenommene Mieten und Nebenkosten. Einnahmen gab es nämlich noch nicht, da auch das eröffnete Teil-Zentrum nur kostenintensiv war, aber noch keinerlei Ertrag brachte. Das minderte bei Frau Mertens natürlich auch mein Ansehen und veränderte unser zuvor vertrauensvolles Verhältnis. Nun war sie in Gesprächen und Verhandlungen zumeist nur kurz angebunden; die zwischen uns entstandene Abkühlung war deutlich zu spüren.

Um unser Verhältnis wieder zu verbessern, bat ich meinen ehemaligen Partner Günther Bechtholdt, zwischen mir, Stadler und Singer zu vermitteln und damit die entstandenen Spannungen zu beseitigen. Das hat er leider nicht geschafft, stattdessen kehrte er zu mir immer mit der Einschätzung zurück, die Dinge seien aufgrund meiner Haltung so zerstört, dass keine Heilung mehr möglich sei. Dass es mir in einigen Fällen dennoch gelang, im direkten Gespräch mit Singer eine Einigung zu erzielen, hat schließlich mit dazu beigetragen, dass ich auch das Vertrauen in Bechtholdt verlor.

Die Abweichungen von meinem erfolgversprechenden Anfangskonzept waren schließlich trotz aller Einigungsversuche so gravierend, dass ich Anneliese Mertens um ein Gespräch bat und ihr empfahl, Singer und Stadler als Geschäftsführer abzulösen, da sich diese als nicht kontrollierbar erwiesen hatten. Da unsere Geschäftsführer inzwischen jedoch Mertens für ihre Ideen eingenommen und auf ihre Seite gezogen hatten, wies sie meine Bedenken ab. Auch ein zweites Gespräch brachte kein anderes Ergebnis. So erklärte ich ihr, unter diesen Bedingungen nicht weiter mitwirken zu wollen. Für mich sei es sicher, dass das Projekt scheitern würde, wenn vom Konzept unseres niederländischen Vorbilds abgewichen würde. Ich bat um Austritt aus der Gesellschaft und Auszahlung des Kapitals. Sie stimmte zu und zahlte mich aus.

Auch mit meiner „Sigismund Vogler KG", mit der ich trotz meines Ausstiegs aus der Gesellschaft weiter als Bauträger im Schieferdorf tätig war, geriet ich zu dieser Zeit in Konflikt mit den KIP-Geschäftsführern. Denn sie hatten beim Bau des Hotels versucht, uns und die Handwerker durch Forderungen zu schädigen, die vertraglich nicht vereinbart waren – ein Geschäftsgebaren, mit dem sie schon in ihrer Zeit bei Boltes viele Unternehmen geschädigt hatten, Dabei waren wir mit einer Bürgschaft von einer Million Mark involviert, die wir für die saubere Ausführung und Übergabe des Hotels übernommen hatten. Über deren Rückgabe stritten wir lange, bis eines Tages Stadler endlich zu uns kam und mir die Bürgschaft – ohne das Wissen und gegen den Willen Singers – übergab.

Relativ schnell stellte meine KG in der Folgezeit den ersten Teil des Hotelkomplexes, das von Anneliese Mertens mit großer Kraft vorangetriebene Golf- und Landhotel fertig. Es war bzw. ist ein hervorragendes, solides Bauwerk, für das wir zahlreiche Spezialfirmen engagiert hatten. Neben der Einrichtung der 129 Zimmer hatte meine Tochter zudem die Grundidee beigesteuert, wie wir Erdgeschoss, Rezeption und Tagungsbereich am besten gestaltet würden. So gibt es im Mittelpunkt des Publikumsverkehrs, zwischen den Tagungsräumen, dem Restaurant und den Hotelzimmern eine sehr schöne Bar, die sehr gut angenommen wurde. Auch die Küche war schnell für ihre Qualität bekannt. So erarbeitete sich unser Golfhotel schnell nicht nur vier Sterne, sondern auch einen guten Ruf als Tagungshotel und war entsprechend gut ausgelastet.

Als das Golfhotel gerade fertig war, informierte uns das Handelsregister, dass meine Ferienheim GmbH bald ihr 25-jähriges Jubiläum feiern würde. Zwar hätten wir in all dem Trubel um Bechtholdt, Singer und Stadler wohl selbst gar nicht daran gedacht, doch da uns unser Ehrentag nun bekannt war, richteten meine Kinder im Hotel ein Fest für uns aus. Es war der Höhepunkt meines unternehmerischen Erlebens, denn die mir zugedachten und zugetragenen Ehrungen haben mich mit Stolz erfüllt und zugleich tief ergriffen. Zwar war Anneliese

Mertens nach unserer geschäftlichen Trennung nicht anwesend, dennoch schickte sie eine Grußadresse zur Verlesung, in der sie sich für ihr Fernbleiben entschuldigte und mein Engagement im Touristik- und Freizeitmarkt als wegweisend bezeichnete: „Ihre unternehmerischen Erfolge in Minderzhagen, in Schwarzenberg und hier im Schieferdorf sind die Erfolge eines Freizeitpioniers, der seine Idee im festen Glauben an das Ziel verfolgt und allen Risiken, bürokratischen und juristischen Hemmnissen und sonstigen Schwierigkeiten zum Trotz in die Tat umsetzt." Dass auch ihr Engagement, zu dem ich sie überzeugt hatte, richtig gewesen sei, zeige der Erfolg ihres gerade eröffneten Hotels. Zudem erklärte Mertens zu bedauern, dass ich mich aus unserer gemeinsamen Gesellschaft zurückgezogen habe: „So sehr ich dies bedaure, so sehr muss ich doch akzeptieren, dass die Vollendung Ihres Lebenswerkes hier im Schieferdorf, bei dem ich Sie ebenfalls begleiten darf, für Sie höchste Priorität hat." Auch Verbandsbürgermeister Peters gratulierte mir zum Firmenjubiläum und betonte in seiner Rede den von mir aufgebrachten unternehmerischen Mut und die große wirtschaftliche Bedeutung, die das Schieferdorf für Hohenwinkel habe. Zwar sprach Peters auch unsere gelegentlichen Auseinandersetzungen an, lobte aber unsere besondere Verlässlichkeit: „Ich habe Herrn Sigismund Vogler als einen Menschen kennen und schätzen gelernt, dem man volles Vertrauen schenken kann. ‚Ein Mann – ein Wort' – das hat bei ihm Gültigkeit." Dass ich mich über ein solches Lob von Seiten meiner Partner gefreut habe, ist wohl nachvollziehbar!

Dass wir, bzw. die KIP, in dieser Situation trotz des Erfolgs mit dem Golfhotel wirtschaftlich so schlecht da standen ist meiner Meinung nach auch auf einige Pflichtverletzungen Bornscheidts zurückzuführen. So hatte er Singers und Stadlers Gehaltsforderungen von je 30 000 Mark im Monat zugestimmt – was sich im Jahr zu fast einer Dreiviertelmillion Mark aufsummierte. Hinzu kamen zwei teure Autos, Vollpension und Übernachtung im Golfhotel und die üblichen Spesen. Obwohl sie völlig überzogen waren, stimmte Bornscheidt ihren Ansprüchen zu und bewegte auch Anneliese Mertens dazu, ihnen zuzustimmen. Auch hat er die Durchführung unseres Konzeptes nur mangelhaft kontrolliert, sodass unsere Geschäftsführer mit den beschriebenen Folgen von ihnen abweichen konnten. Zudem verhinderte Bornscheidt nicht, dass Singer und Stadler den Käufern der Ferienhäuser Bauträgermodelle mit Unternehmenszuschlägen vortäuschten und mittels „Kick-Back-Provisionen" zum Schaden der Kunden in die eigene Tasche wirtschafteten. Daher trägt er meiner Meinung nach auch die Verantwortung dafür, dass die Großbäckerei die Kunden später mit Abfindungen versuchte ruhigzustellen, woraus fast hundert Zwangsversteigerungen und zum Teil anhaltende persönliche Belastungen resultierten.

Zunächst jedoch schien es aufwärts zu gehen. Denn Mertens hatte sich auch an einem Projekt in der Nähe ihrer Großbäckerei beteiligt (auch wenn es meiner Meinung nach für den Erfolg des Schieferdorfes besser gewesen wäre, wenn sie das Geld in die Fertigstellung des Freizeitzentrums investiert hätte) und hatte dabei den Betreiber der „Gran Dorado"-Parks kennengelernt. Ihn bat sie nun, unser Projekt zu beurteilen. Die Prüfung kam zu einem vernichtenden Ergebnis. Entsprechend bat Mertens Gran Dorado, die Verwaltung des inzwischen entstandenen Golfhotels und der bereits erbauten Ferienhäuser zu übernehmen. Außerdem wurden die Geschäftsführer, von deren Unredlichkeit inzwischen auch Mertens überzeugt war, an die kurze Kette gelegt, und Anneliese Mertens kaufte auf Anraten der Gran Dorado-Manager, die das Projekt in der von den Geschäftsführern begonnenen Form für undurchführbar hielten, von uns alle noch verbliebenen Restgrundstücke. Die Übernahme der Grundstücke, die Siegfried Stadler und ich in monatelangen Verhandlungen unter Kontrolle und Druck von Gran Dorado vorbereitet hatten, beurkundeten wir 1993 kurz vor Weihnachten vertraglich. Dabei hatten wir wie bei der KIP-Gründung wiederum gegen den erbitterten Widerstand des Rechtsanwalts Dückmann zu kämpfen; dieses Mal jedoch hatte Anneliese Mertens sich nicht beirren lassen und ihren Willen zu investieren durchgesetzt. Damit war das Schieferdorf für uns so gut wie erstellt. Wir waren zwar nicht mehr unmittelbar beteiligt, aber dennoch sehr zufrieden, da damit unser Projekt neben die anderen großen Feriendörfer rückte, und zwar so, wie wir es uns vorgestellt hatten.

Zwar brachte Anneliese Mertens das notwendige Kapital für den Kauf der Grundstücke ein, doch sah der soeben geschlossene Vertrag auch vor, dass auch wir innerhalb kurzer Zeit 14 Mio. Mark für die Erschließung der nun bebauten Restgrundstücke und den Bau eines Parkdecks investieren mussten. Um die dafür erforderlichen Kredite von unserer Hausbank zu bekommen, verpfändete ich nun meine Erbbaurechte, die ich eigentlich für die Sicherung meiner Rente vorgesehen hatte. Dank der Leistungsbereitschaft und –fähigkeit unserer Mitarbeiter und der Baufirmen, besonders durch das große Engagement meines Mitarbeiters Theo Renske, ist es uns aber gelungen, die gesetzten Fristen einzuhalten und innerhalb weniger Monate sowohl das Areal für die Ferienhäuser zu erschließen als auch den gesamten Osthang und das Zentrum, in dem das Residenzhotel in einem ersten Abschnitt von 16, später 200 Zimmern entstehen sollte. Auch hatten wir im Auftrag von Mertens bzw. der „Klub im Park"-Gesellschaft für 5 Mio. Mark ein Parkdeck errichtet, was uns jedoch wie die Erschließung nur teilweise und nicht vereinbarungsgemäß bezahlt wurde. Auch regelte unser Vertrag, dass meine KG in das Residenzhotel investieren und mit seinem ersten Bauabschnitt beginnen sollte.

Die von Anneliese Mertens vorgenommene Kehrtwende hätte wirklich die Chance geboten, das Konzept und entsprechend auch das Projekt zu retten. Dazu aber wären weitere Korrekturen nötig gewesen, die nicht mehr folgten. In unsere Hochstimmung angesichts der von uns angenommenen baldigen Fertigstellung des Schieferdorfes und der Unterzeichnung der Verträge platzte nämlich nur ein Vierteljahr später eine für uns schicksalhafte Nach-

richt: Für uns völlig überraschend war Anneliese
Mertens an einer wieder ausgebrochenen Krebser-
krankung gestorben. Ihr Tod nahm mich so mit, dass
ich nach ihrem Begräbnis direkt nach Hause gefahren bin, ohne an den üblichen anschließenden Fei-
erlichkeiten teilzunehmen. Ich konnte es einfach
nicht.

Schon bald ahnte ich, dass Anneliese Mertens'
Tod nicht nur einen persönlichen Schock bedeutete, sondern auch geschäftliche Schwierigkeiten nach
sich ziehen würde. Zwar lief der Verkauf der Ferienhäuser auch nach Mertens Tod zunächst weiter.
Zudem mussten wegen der gegebenen Garantien
weiter hohe Mieten an die Besitzer der Ferienhäuser gezahlt werden. Die Gesellschaft hatte es zwar
noch geschafft, einen ersten Teil der Gastronomie
und einige Einrichtungen in Vorbereitung des späteren Erlebnisbads zu errichten. Dass der Bau des
Erlebnisbads immer wieder auf später verschoben
wurde, war jedoch der entscheidende Fehler, den
Mertens zu ihren Lebzeiten leider geduldet hatte.
Anfangs war zudem nicht sicher, wie es mit dem
Schieferdorf und den beiden von uns gegründeten
Gesellschaften weiter gehen sollte. Doch erklärten
sich Mertens Töchter bereit, das Investment ihrer
Mutter bis zum Abschluss der Arbeiten fortzusetzen. Beide hatten allerdings weniger Einfluss auf die
Zukunft der KIP, als ich es mir gewünscht hätte.
Denn Rechtsanwalt Dückmann, der wie beschrie-
ben schon die Vertragsgestaltung beeinflusst und
dabei viel Geld verdient hatte, hatte es auch ge-
schafft, Anneliese Mertens dazu zu bewegen, ihm

im Falle ihres nun ja leider eingetretenen Todes die Testamentsvollstreckung anzuvertrauen. Das Testament berechtigte ihn zudem, das Unternehmen bis zum 40. Geburtstag der damals 34 und 35 Jahre alten Töchter für diese weiterzuführen. So konnte er die Töchter gängeln, obwohl eine von ihnen sich bereits in der Geschäftsführung der Großbäckerei bestens bewährt hatte. Ihm gelang es schließlich auch, Mertens' Töchter so zu beeinflussen, dass sie ihr Erbe in Hohenwinkel ausschlugen, was zur Folge hatte, dass Dückmann die Investitionen in das Schieferdorf nun stoppte und auch die mir bzw. meiner KG aus dem Bau des Hotels zustehenden Zahlungen aussetze. Zugleich profitierte Dückmann auch finanziell nicht schlecht aus den von Mertens getroffenen Verfügungen: Allein aus der auf fünf Jahre angesetzten Testamentsvollstreckung erhielt er bei einem zu verwaltenden Vermögen von schätzungsweise 100 Mio. Mark jährlich ein Honorar von etwa 2 Mio. Mark.

14. Betrügereien

Bereits kurze Zeit nach Anneliese Mertens' Tod hatte Dückmann angefangen, sämtliche von ihr geschlossenen Verträge auszusetzen und daraufhin zu überprüfen, ob sie bzw. die von Anneliese Mertens eingegangenen Verpflichtungen wirklich bindend wären. In zwei Begegnungen haben Dückmann und Bornscheidt mir so versucht klarzumachen, dass die von mir beanspruchten Zahlungen für die Erschließungsarbeiten sowie den Bau des Parkdecks nicht darstellbar seien und aus dem Mertens-Vermögen nicht in dem gleichen hohen Tempo geleistet werden könnten, wie die Bauarbeiten voranschritten. Ich stimmte dem zwar grundsätzlich nicht zu, da mir bekannt war, wie groß das Vermögen unserer Investorin gewesen war, stimmte aber dennoch neuen Zahlungsvereinbarungen zu, die der KIP mehr Zeit ließen. Als Finanzier stattete Dückmann die KIP jedoch lediglich mit gerade so viel Geld aus, dass ihre Geschäftsführer nicht gezwungen waren, bei Gericht Insolvenz anzumelden. Als Dückmann bzw. die KIP jedoch auch den neuen Zahlungsvereinbarungen nicht nachkam, stellten wir die Erschließung und den Weiterbau des Parkdecks ein. Allerdings war zu diesem Zeitpunkt bereits ein Bauabschnitt fertig, zwei weitere schon zu einem bedeutenden Teil erschlossen. Auch mussten wir das Parkdeck und das Residenzhotel schließlich doch fertig stellen, wofür wir – da weiterhin die Zahlungen ausblieben – bei unserer Hausbank einen Kredit aufnahmen.

So war es jedes Mal ein Kampf, von ihm Geld aus unseren Verträgen zu erhalten; immer wieder endeten unsere Versuche in hitzige Auseinandersetzung, in deren Verlauf ich ihm auch vorwarf, keinerlei unternehmerischen Verstand zu besitzen. So stellte er mir schließlich den mit ihm befreundeten Manager Michael Haller als neuen Verhandlungspartner vor. Dieser war Geschäftsführer einer der größten deutschen Speditionen und hatte es geschafft, als erster Marktanteile gegenüber UPS zu gewinnen. Mir schien er – wohl durch seinen besonderen Charme und seine Ausstrahlung als talentierter und erfolgreicher Manager – sehr schnell vertrauenswürdig. Dieses Anfangsvertrauen entstand auch dadurch, dass sich Haller durchaus kritisch über Singer und Stadler und ihr Geschäftsgebaren äußerte, sich außerdem begeistert von unserem Konzept zeigte und vorgab zu verstehen, dass die Fertigstellung des Erlebnisbads essentiell für den Erfolg des gesamten Parks war. Und so glaubte ich zunächst auch Hallers Versprechen, dass Dückmann sehr bald das für den Bau des Erlebnisbads notwendige und vertraglich zugesicherte Kapital von 20 Mio. Mark bereitstellen würde. Wie Dückmanns waren jedoch auch seine Versprechen nichts wert und wurden nur allzu schnell gebrochen.

Während Dückmann die KIP in der beschriebenen Weise systematisch aushungerte, setzte er einen ihm bekannten Zwangsverwalter ein, den ich als knallharten Manager kennenlernte: Richard Hirt. Besonders Singers und Stadler war er unangenehm – kein Wunder, denn Hirt gelang es, die Verstöße und illegalen Gewinnmitnahmen der beiden Geschäftsführer aufzudecken, was er natürlich auch Dückmann meldete. Dieser hat aus den ihm so zugetragenen meiner Ansicht nach doch recht brisanten Informationen jedoch nie Konsequenzen gezogen. Dabei wären sie nicht nur Anlass für eine fristlose Kündigung, sondern auch Grund für eine Anzeige wegen Hinterziehung und Korruption gewesen. Daher vermute ich, dass Dückmann sich Singers und Stadlers Unterstützung gesichert hat, als er meiner „Sigismund Vogler KG" versucht hat, die durch den Investitionsstopp nahezu insolvent gewordenen „Klub im Park"-Gesellschaft zu verkaufen. Lediglich die Kapitaldeckungspflicht von 30 %, die Anneliese Mertens vor ihrem Tod eingegangen war und die sie bzw. ihre Erben nach meinen Einschätzungen im Laufe der Zeit über 70 Mio. Mark gekostet hat, sorgte dafür, dass die KIP bzw. ihre Geschäftsführung sich nicht strafbar machte. Ich glaube nicht, dass Anneliese Mertens sich bei ihrer Zusage der Tragweite ihrer Entscheidung bewusst war. Sie hat sicherlich auch nicht gemerkt, dass Singer und Stadler ständig auf ihr Vermögen zurückgriffen, um z. B. den Kauf der 50 Ferienhäuser zu finanzieren, die bis dahin der Stadt Hohenwinkel vertraglich von uns zugesichert waren. Auch die eingegangenen Mietgarantien bestritten die Geschäftsführer wie beschrieben aus ihrem Vermögen.

Hirt war es nun, der den Verkauf der KIP an mich anregte. Denn er kannte die Situation der Gesellschaften und traute mir als Einzigem zu, sie zu retten. Trotz der mir inzwischen bekannten Betrügereien hatte sich mir zugleich Stadler während der Übernahmeverhandlungen wieder so weit genähert, dass ich ihm in gewisser Weise vertraut und mit ihm als Beratungspartner in den Verhandlungen mit Dückmann und Haller zusammengearbeitet habe. Natürlich hatten wir uns nämlich Gedanken darüber gemacht, wie wir die Arbeit der KIP mit der KG fortsetzen könnten, wobei uns Stadler Informationen hilfreich waren. Während ich Singers so wenig vertraute, dass ich ihn von den Gesprächen ausschloss, begleitete mich Stadler so bis zum Vertragsabschluss im Juli. Dass er einen Tag nach der endgültigen Beurkundung der Übernahme bei mir erschien und die Zusammenarbeit mit der Begründung aufkündigte, er könne nicht mit mir arbeiten, weil ich seinen Partner Singer ablehne und disqualifiziert habe, werte ich heute als Hinweis darauf, dass beide mit Dückmann darin zusammengearbeitet haben, mir die eigentlich marode KIP zu verkaufen. Ein weiteres Indiz für meinen Verdacht sehe ich darin, dass beide Geschäftsführer der GmbH im Nachhinein ihre Zustimmung verweigerten und dafür eine große Abfindung verlangten und kassierten, dass sie die Geschäftsführung der KIP und die von ihnen gegründete „Klub im Park"-GmbH ebenfalls uns übertrugen.

Zwar hatte Dückmann eindeutig erklärt, dass eventuelle Altlasten der KIP bei der Großbäckerei bzw. den Mertens-Erben verbleiben würden und mit mir per Handschlag vereinbart, dass ich die KIP-Gesellschaften nach den Bilanzen übernehmen würde, aber für keine Altlasten aufkäme. Doch nahm Dückmann dieses Angebot vor der endgültigen Vertragsunterzeichnung wieder zurück und brachte uns mit einigen Zugeständnissen dazu, nicht unbedingt auf seiner zuvor gegebenen Zusage zu bestehen. Damit machten wir einen ersten großen Fehler. Denn auf diese Weise ermöglichten wir Dückmann letztlich, mit Hilfe gefälschter Bilanzen und dem Verschweigen von zweistelligen Millionenbeträgen an Altlasten gelungen, unserer „Sigismund Vogler Grundstücks- und Erschließungsgesellschaft" die KIP mitsamt Belastungen anzudrehen. Zwar war mit dem Vertrag ein zweistufiges Rücktrittsrecht verbunden, aber leider beging ich den Fehler, dieses trotz deutlicher Ungereimtheiten in den Bilanzen und dem dringenden Rat meines Anwalts nicht in Anspruch zu nehmen, da ich überzeugt war, dass wir den richtigen Weg eingeschlagen hatten.

Gleichzeitig mit den versteckten Altlasten und Verpflichtungen, die der Vertrag uns aufbürdete, hatte es Dückmann geschafft, sich aus der in den Verträgen festgelegten Prospekthaftung der Großbäckerei für die Mieten zu befreien. Denn er zahlte die uns für die weitere Entwicklung zugesagten Gelder nicht direkt an uns aus, sondern knüpfte an die Überweisung immer wieder neue Bedingungen. Zudem zahlte er mehr als 5 Mio. Mark als Stillhaltegelder an die Ferienhausbesitzer – einen Betrag, der nach Vertrag eigentlich uns zugestanden hätte.

Erst nach der endgültigen Übernahme der Geschäftsführung zum 01. September 1995 erkannten wir, dass überhaupt keine Liquidität der KIP mehr vorhanden war und auch die Mieten an die Ferienhausbesitzer nicht gezahlt werden konnten. Zudem liefen auch die Aufwendungen für das immer noch nicht vollendete Freizeitzentrum weiter. So wurden nicht nur jeden Monat erneut ca. 10 000 Mark an Erbbauzinsen fällig, sondern auch mindestens noch einmal die gleiche Summe für den Unterhalt der bereits fertig gestellten Gebäudeteile sowie mindestens 40 000 Mark Personalkosten.

Die Situation war also schon schlimm genug; sie wurde jedoch noch aussichtsloser. Denn mit welchen Altlasten die KIP wirklich bepackt war, stellte sich heraus, als die WestLB am Jahresende Bilanzen anforderte und uns auf unsere Frage, wofür sie diese bräuchte, über die finanziellen Verpflichtungen unserer Gesellschaft aufklärte. So gab es u. a. eine Bürgschaft der Firma KIP von 9 Mio. Mark, die die ehemaligen Geschäftsführer für sich persönlich und für eine Investition an ihrem neuen Firmensitz in einem schwäbischen Kurbad verwendet hatten. Auch waren sie bei mehr als 200 Ferienhäusern Bürgschaften für den Fall eingegangen, dass Finanzierungsengpässe oder Notfälle entstehen und der Bank Ausfälle erleiden musste. Diese Garantie hatten sie bis zur Rücknahme der Häuser auf die Verkaufsgesellschaft KIP gegeben. Das bedeutete für uns Bürgschaften von mehreren Hundert Millionen Mark.

Hatten uns Stadler, Singer und Dückmann durch ihre mangelhafte Geschäftsführung und die dargestellten Betrügereien schon genug Schaden zugefügt, hat Stadler allein uns noch Weiteres angetan. Denn zusammen mit den Verträgen über die Übernahme der KIP hatten wir auch Vereinbarungen über

eine stille Beteiligung seiner Frau an unseren Gesellschaften getroffen. Diese schlossen eigentlich
Anteile an den aus den Verträgen folgenden Erbbauzinsen ein. Da die Verträge aber durch den Tod
Anneliese Mertens' nicht zu Stande gekommen
waren, standen ihr aus unserer Sicht jedoch keine
Erbbauzinsen zu. Siegfried Stadler war allerdings
anderer Ansicht und hat uns dies auch deutlich spüren lassen, als er – immer in der Funktion des Inte-
ressensvertreters seiner Frau – mittels einstweiliger
Verfügungen unsere Grundstücke in Hohenwinkel
und sämtliche Konten bei allen Banken durch Pfän-
dung blockierte. In der Folge kündigten die Banken die Kredite - ungeachtet der Tatsache, dass wir
die einstweiligen Verfügungen zurückweisen konnten und die anhängigen Prozesse allesamt gewannen. Alles hat nichts mehr genützt, denn Stadlers
Pfändungsbescheide hatten uns einen riesigen Ver-
trauensverlust zugefügt.

Zum Glück sind meine beiden Kinder Miriam
und Martin, der eigens dafür aus Kanada zurückkehrte, in dieser schwierigen Situation eingesprun-
gen und haben mich entlastet, indem sie die Geschäftsführung und auch die persönliche Haftung
für die Hauptgesellschaft KG II übernommen haben. Ich fühlte mich im Ruhestand und ließ die zwei
gewähren. Auch das muss man nämlich als Vater
und Unternehmer können: der Jugend die Chance
lassen, selbst anzupacken. So gründeten meine Kinder mit neuen und alten niederländischen Mitinvestoren – von Gran Dorado hatten wir uns zwischenzeitlich getrennt, nachdem die Banken erklärt

hatten, an das Unternehmen keine Bürgschaften mehr zu geben – eine neue Beteiligungsgesellschaft, die PIZ. Ihr Rückgrat war der niederländische Bauunternehmer Lindeboom, der mehrere große Projekte realisiert hatte und auch bei den grundlegenden Entwicklungen für die KIP und Gran Dorado sowie bei der Erstellung des an die Center-Parcs angelehnten Entwurfs für das Schieferdorf mitgewirkt hatte. Auch einige andere Partner der Anfangsplanungen beteiligten sich, wenn auch nicht finanziell. Als Gesellschafter wurden meine Tochter und der niederländische Hauptfinanzier eingesetzt, Letzterer mit aufgrund seines Geldes allerdings mit wesentlich größerem Einfluss auf die Entscheidungen der Gesellschaft.

Da parallel zur Entwicklung dieser Gesellschaft die „Klub im Park" insolvent war und die niederländische Gesellschaft nicht bereit war, die Mieten an die ca. 300 Eigentümer der Ferienhäuser weiter zu zahlen, haben diese trotz der Mietgarantien keine Mieten mehr erhalten. Sie waren jedoch nicht mehr bereit, auf ein alternatives Geschäftsmodell einzugehen, die ich für sie selbst ausgearbeitet und über zwei Münchener Anwälte versucht hatte, an sie zu vermitteln. Es sah vor, das Konzept der Ferienhäuser so umzustellen, dass nunmehr nicht Mieten, sondern Gewinnbeteiligungen erwirtschaftet werden sollten. Mein neues Konzept hat dann die neu gegründete Gesellschaft den Eigentümern auf zwei Versammlungen vorgestellt und als Entscheidungsgrundlage eine Mehrheit von mindestens 50 % Zustimmung gefordert. Tatsächlich hieß es nach der zweiten Versammlung, mehr als die Hälfte der Eigentümer hätten zugestimmt, weshalb ein Wechsel des Geschäftsmodells vorgenommen werden sollte.

Wir freuten uns schon und waren uns sicher, dass unser Plan des Feriendorfs nun endlich verwirklicht werden sollte, als uns der nächste unerwartete Schlag traf: Statt der Nachricht, dass unser Konzept nun umgesetzt würde, erreichte uns per Fax eine Absage. Mit ihm zog sich die Firma aus der gemeinsamen Gesellschaft ohne weiteren Kommentar total zurück. Auch die bereits beurkundeten Kauf- und Durchführungsverträge für den Kernbereich und den Osthang wurden zurückgezogen und konnten von uns nicht mehr durchgesetzt werden: „Dead End". Bis heute herrscht absolute Funkstelle zwischen uns und unseren damaligen Geschäftspartnern. Letztlich führe ich dieses Verhalten unserer niederländischen Partner auf ein gemeinsames Treffen mit Haller und Dückmann zurück. Dort hatten wir eigentlich Haller mit dem PIZ-Geschäftsführer bekannt machen und ihm unsere gemeinsamen Pläne vorstellen wollen. Bei dieser Gelegenheit hatte Haller auf einmal ohne jede Vorwarnung angefangen, mich zu beschimpfen und Dinge über mich zu behaupten, die unseren Geschäftsführer die Augenbrauen immer stärker hatte hochziehen lassen. Ich war entsetzt, da ich ihn bisher so nicht kennengelernt und ihn trotz der gebrochenen Versprechen eher als guten Geschäftspartner eingeschätzt hatte. Später hat mir ein guter Menschenkenner auf meine Erzählung erklärt, dass der Charme von Managern zwar die Voraussetzung dafür sei, Unternehmen erfolgreich zu führen und von Partnern und

Banken die nötigen Zusagen zu erhalten: „Sie sind wie Heiratsschwindler." Tatsächlich habe ich erst in diesem Gespräch mit unserem PIZ-Geschäftsführer gemerkt, wie sehr ich mich durch Hallers Charme hatte täuschen lassen. Als schließlich mit einigen Minuten Verspätung auch noch Dückmann zu uns gestoßen war, hatte dieser durch weitere Verleumdungen auch noch den Rest des uns von der PIZ entgegengebrachten Vertrauens zerstört. Weder mir noch meiner Tochter war es gelungen, Haller und Dückmann Einhalt zu gebieten. Was sie machten, geschah zudem so offensichtlich in Absprache, dass uns unser Geschäftspartner verloren gehen musste. Welche Motive sie dazu hatten, ist für mich bis heute nicht nachvollziehbar und auch ökonomisch nicht zu verstehen.

Damit und vor allem mit den Altlasten und Verpflichtungen der KIP war das Schicksal des Schieferdorfes besiegelt. Auch meine Kinder konnten bei all ihren Bemühungen nichts mehr retten, und es kam, wie es kommen musste: Innerhalb eines Jahres nach der Übernahme war die „Klub im Park"-Gesellschaft und mit ihr meine „Sigismund Vogler KG" am Ende. Wäre Anneliese Mertens nicht so früh gestorben und hätte ihr Testament nicht Dückmann die Macht gegeben, über die er schließlich verfügte, gäbe es heute in Hohenwinkel einen Ferienpark mit Hotel, 600 bis 700 Ferienhäusern und einem Freizeitzentrum, wie man es von den niederländischen Center-Parcs kennt. Dass wir erfolgreich gewesen wären, zeigt die Tatsache, dass unser Vorbild heute über 16 oder 17 solcher Parks in den

Niederlanden, Großbritannien, Belgien und Deutschland verfügt und alle bis heute funktionieren und wirtschaftlich arbeiten.

All unsere Versuche aber, das Projekt dennoch am Leben zu halten, scheiterten an den politischen Rahmenbedingungen – nach der Wiedervereinigung flossen die Fördergelder zum größten Teil in die Neuen Bundesländer, im Westen aber wurden alle für uns sinnvollen steuerlichen Förderungen abgeschafft - und am systematischen Zusammenbruch des Immobilienmarktes. Neue Ideen und neue Partnerschaften, mit denen wir das Konzept der Center-Parks noch einmal aufnehmen wollten, misslangen wegen der Veränderungen am Markt und auch dadurch, dass sich die Banken weigerten, weitere Investitionen in den Fremdenverkehrt zu finanzieren.

15. Endgültiger Niedergang

Kurze Zeit nach diesem misslungenen Versuch, den Park zu retten, tauchte ein weiteres Mal jemand auf, der uns wie der „Engel am Himmel" erschien – dieses Mal in Person des Liechtensteiner Finanzierungskaufmanns Wolfgang Haag. Er arbeitete mit einer Partnerin namens Renate Münsterberg zusammen, die sich wiederum als Verwalterin eines riesigen Vermögensfonds von einigen Milliarden Mark bzw. Schweizer Franken in der Schweiz und Liechtenstein vorstellte. Gemeinsam hatten sie es sich zum Ziel gesetzt, Objekte wie unseres in finanziell kritischen Situationen durch Beteiligungen zu stützen. In Kontakt mit Haag und Münsterberg waren wir auf die Empfehlung einer befreundeten Berliner Gesellschaft gekommen. Über mehrere Gespräche, die wir zum Teil auch über viele Stunden in unserem Hohenwinkeler Penthouse führten, entwickelte es sich dann so, dass sie uns eine Beteiligung von 50 % anboten, mit deren Hilfe wir unsere Schulden tilgen und weiter investieren konnten. Gleichzeitig sollten alle Investitionen, die noch zu tätigen waren, ab jetzt nur noch mit Eigenkapital finanziert werden. Die Geschäftsleitung sollte weiterhin bei mir liegen. Auch sagten Haag und seine Partnerin zu, in die Umsetzung neuer Ideen zu investieren, die das Schieferdorf in der geplanten Form der Center-Parcs ermöglicht und eine weitere Förderung des Fremdenverkehrs zur Folge gehabt hätte. Uns lag damit ein Angebot vor, das wir nicht ablehnen konnten. Auch verlangten weder Haag noch Münsterberg irgendwelche Vorauszahlungen oder Honorare, was uns als sehr nobel, aber auch ein wenig ungewöhnlich erschien.

In der Folgezeit arbeiteten wir eng zusammen: Haag kam häufig mit dem Auto zu uns, wir fuhren zu ihm oder trafen uns auf zwei Dritteln der Distanz am Bodensee. So war Haag wie mein Berater Weber an vielen Gesprächen mit Betreibern und Projektentwicklern beteiligt und hat auch auf den Gang der Verhandlungen Einfluss genommen. Entsprechend vergaben wir einen Beratungsauftrag an die Beraterin einer Berliner Bank, die ebenfalls ohne im Voraus gezahltes Honorar für uns tätig wurde. Dass sie zu den besten Kräften in Deutschland zählte, bewies sie dadurch, dass sie in relativ kurzer Zeit ein englisches Hotelunternehmen mit hervorragendem Hintergrund dazu bewegte, unser Residenzhotel mit damals 183 Einheiten zu übernehmen. Vorher hatte sie das Hotel einschließlich Rentabilitätsberechnung und Zukunftsprognosen so entwickelt, dass es für mögliche Pächter interessant wurde. Mit unserem Interessenten arbeitete sie nun einen Pachtvertrag aus und stellte sicher, dass dieser eine Bankbürgschaft für die Miete vorlegte. Haag, seine Partnerin und wir wären damit Träger und Vermieter des Residenzhotels gewesen.

Die unterschriftsreifen Verträge und die Bescheinigung über die Bankbürgschaft in der Tasche fuhren wir so nach Liechtenstein, um sie mit unseren Partnern zu besprechen. Damals waren wir zum ersten Mal in seinem Büro, das er, wie ich erst später erfuhr, mitsamt Einrichtung von einem Medienunternehmen übernommen hatte. Das angestrebte Entscheidungsgespräch verlief jedoch anders als erwartet. Eigentlich wäre Haags Aufgabe nämlich gewesen, das Hotel nun zu finanzieren bzw. einen entsprechenden Finanzier zu finden, damit wir es im Anschluss daran an unseren Interessenten vermieten könnten. Haag aber wollte keinen Pachtvertrag, wie wir ihn vorbereitet hatten, sondern wollte, dass das Risiko beim Finanzier blieb – er verzichtete somit unverständlicherweise auf die uns absichernde Bankbürgschaft. Unser Interessent war dem natürlich nicht abgeneigt. Was konnte ihm schließlich Besseres geschehen, als das Hotel ohne jegliches Eigenrisiko betreiben zu können! Folglich wurden die Veränderungen rechtlich abgesichert und den Bauanträgen ein entsprechender Nachtrag beigefügt. Einem Beginn des Weiterbaus stand damit eigentlich nichts mehr im Wege. Haag kam zu uns nach Hohenwinkel, um den Projektentwickler und dessen Partner kennenzulernen und sich über den aktuellen Stand der Planungen zu informieren. Immer wieder betonte er dabei, dass er für die Finanzierung sorgen werde, wir sollten daher die Planungen abschließen und für den Baubeginn vorbereiten. Anders als ich war der von uns beauftragte Projektentwickler von Haag nicht überzeugt und hielt ihn für unzuverlässig, was ich jedoch beim besten Willen nicht nachvollziehen konnte. Da auch die Berater aus dem Bereich der Hoteleinrichtungen ein ähnliches Gefühl Haag betreffend hatte und ihm ebenfalls nicht traute, bestanden unsere Entwickler auf einer Vorauszahlung für die nächste Entwicklungsstufe und verwiesen darauf, bereits die erste Stufe kostenlos durchgeführt zu haben. Diese leistete Haag trotz wiederholter Versprechen jedoch nicht; stattdessen vertröstete er die Projektentwickler einige Male. Entsprechend stellten diese die Weiterentwicklung des Projektes erst einmal ein. Auch jetzt kam mir noch nicht der Verdacht, dass hier etwas nicht stimmen könnte. Und auch meine Tochter und ihr Gesellschafter, dem ebenfalls Finanzierungszusagen Haags vorlagen, bewerteten die Dinge positiv und erwarteten, dass die Zahlungen bald geleistet würden. Immerhin beliefen sich die Investitionen bzw. die Zusagen auf eine Summe von umgerechnet 50 Mio. Euro!

Zu dieser Zeit hatte eine Bankengesellschaft bereits die Kredite unserer schwächelnden Hausbank übernommen, was für Haag nicht besonders beunruhigend war. Vielmehr sagte er zu, den Kredit bei der Bankengesellschaft abzulösen und uns mit einem Kauf des Engagements von ihr zu befreien. In der Tat begann Haag mit der Bank Vorverhandlungen und erreichte, dass uns die Bank einen Schuldennachlass von fast 6 Mio. Mark zugestand. Es blieb ein Restkredit von 11 Mio. Euro stehen, dessen Fälligkeit für zwei Jahre ausgesetzt wurde. Zwar hatte die Bankengesellschaft zur Bedingung gestellt, dass für das Ende der zweijährigen Frist ein Zwangsversteigerungsvermerk eingetragen wurde, doch überließ sie uns unsere Einnahmen aus den Erbbaurechten und verzichtete außerdem auf eine weitere Verzinsung unseres Kredits. All dies tat die Bankengesellschaft nicht freiwillig. Doch sie hatte keine andere Wahl, da ich bei erneuter Durchsicht der Kreditverträge entdeckt hatte, dass die Kredite zwar über alle bebauungsfähigen Grundstücke abgedeckt waren, dass jedoch die dazugehörigen Straßen und Abstellplätze nicht belastet waren. Das bedeutete, dass die Bankengesellschaft über keinerlei Zugangsrecht zu den Grundstücken verfügte, ebenso wenig über Abstellplätze, die jedoch für eine Baugenehmigung vorhanden sein mussten. Letztlich besaß sie so nur Grundstücke, die nicht bebaubar waren, und war so auf einen Kompromiss angewiesen, der diesem Umstand Abhilfe leistete. Gezwungenermaßen ließ uns die Bankengesellschaft so die Chance, unsere wirtschaftliche Situation innerhalb der nächsten zwei Jahre zu verbessern und unser Projekt entweder durch einen erfolgreicheren Vertrieb oder aber durch Umfinanzierung, Partnerschaften oder die Akquisition von Investitionen zu retten.

Zwar hatte uns Haag durch sein Verhandlungsgeschick Luft verschafft, doch leistete er auch weiterhin keine Zahlungen für die Weiterentwicklung des Hotels, weshalb wir uns auf die Suche nach neuen Investoren begaben. Das allerdings war oft gefährlich, nicht selten auch existenzgefährdend. So besuchte ich in einem Münchener Vorort einen Kapitalvermittler. Er verfügte über ein beeindruckendes Büro, einnehmende Angestellte und hatte einen Banker als Partner zur Seite. Da unser Gespräch gut verlief und ich den Eindruck hatte, einen zuverlässigen und hervorragenden Unternehmer vor mir zu haben, beauftragte ich ihn, Finanzierungskapital oder – noch besser – Beteiligungen für mein Schieferdorf aufzutreiben. Für mich gab es nämlich nur eine Chance, mein Unternehmen weiterführen zu können, wenn es mir gelänge, die bestehenden Kredite durch neue

Finanzierungen mit günstigeren Bedingungen aus-
zulösen. Tatsächlich sagten der Kapitalvermittler und
seine Partner nach Überprüfung der vor mir mitge-
brachten Unterlagen zu und waren absolut sicher,
dass sie erfolgreich sein würden. Als Gegenleistung
verlangten sie eine Anzahlung von 30 000 Mark, die
bar geleistet werden sollte. Da mir diese Summe im
Vorhinein zu hoch erschien, habe ich die Gesamt-
zahlung hinausgezögert und zunächst einmal einen
Scheck über 10 000 Mark ausgestellt und den Rest
vom Erfolg der Finanzierungsbemühungen abhängig gemacht. Dieser Erfolg ist dann aber ausgeblie-
ben, die von mir angezahlten 10 000 Mark waren weg
– da halfen auch alle Bemühungen, Beschimpfun-
gen und alle Drohungen, dieses Geschäftsgebaren zur
Anzeige zu bringen, nichts.

Wenig später startete zudem der Banker einen
zweiten Anlauf, mich mit Versprechungen zu erneuten Zahlungen zu bewegen: Er brachte mich mit einem Investor zusammen, von dem er erklärte, er dieser habe das Schieferdorf bereits besichtigt und sich
entschieden, in unser Projekt zu investieren. Es war
Karl Fromm. Recht bald kündigte er seinen Besuch
an, wir trafen und unterhielten uns. Auf Anhieb waren wir uns sympathisch, schnell fassten der taten-
kräftige Bayer und ich Vertrauen zueinander und fuhren später sogar gelegentlich zusammen in Urlaub.
Allerdings stellte sich bereits beim zweiten Besuch
heraus, dass Fromm das Kapital, das er in das Schieferdorf einbringen wollte, noch gar nicht besaß, sondern plante, es über den besagten Münchener Finanzierungsberater zu akquirieren. Natürlich hätte
ich wissen müssen, dass das nicht funktionieren konn-

te. Trotzdem vereinbarten wir, in einer Art Leistungsgemeinschaft zusammenzuarbeiten und beschlossen, dass Fromm, der sich als guter Architekt hatte profilieren können, nun in der Entwicklung und im Vertrieb unserer nach dem Ausstieg von Mertens neu gegründeten Gesellschaft arbeiten würde. Seine Ideen waren glänzend, was seine Qualitäten als Architekt unterstrich; für den Vertrieb aber taugte er nicht. So wollten wir das Residenzhotel endlich auf die vorgesehenen 200 Zimmer erweitern. Denn bis jetzt hatten wir lediglich den ersten Bauabschnitt mit 16 Zimmern, Penthouse und Erdgeschoss mit Gastronomie und Tagungsraum fertig gestellt. Denn dieser war schon vorher als großer Empfangsbereich unseres Ferienparks vorgesehen gewesen.

Über Fromm, der eine Nase für besondere Dinge und Projekte hatte, lernte ich auch einen der besten Architekten kennen, die es im Freizeitbereich und Hotelbau gab. In seinem Salzburger Büro wiederum kamen wir in Kontakt zu einer Gruppe von Projektentwicklern, die sich vorstellen konnte, sich an unserem Projekt zu beteiligen. Wiederum scheiterte die Zusammenarbeit aber am Geld. Denn diesmal konnten wir keine Vorauszahlung mehr leisten. Als ich kurze Zeit später auch keine Mittel mehr hatte, um Fromm als Mitarbeiter weiter bezahlen zu können, vermittelte ich ihn an diesen Architekten, der ihn später zu einem seiner drei Nachfolger machte.

Wo ein Geier auf der Suche nach Aas kreist, kreisen immer auch andere. So haben uns nicht nur der Münchener Kapitalvermittler und sein Banker ein unmoralisches und betrügerisches Angebot unterbreitet. Einige Zeit später kam ich vielmehr auf rätselhafte Weise in Kontakt eines gewissen Steven. Ohne dass wir uns vorher gekannt hätten, rief mich dieser eines Tages an und meldete sich auf Englisch: „Hi Sigismund, it's Steven, here". Ich wollte natürlich wissen, wer er sei, woher er mich kenne und was er wolle, worauf Steven sich als Finanzier und Geldgeber vorstellte, der an einer Investition in unser Schieferdorf interessiert war. Er habe von meinem Kapitalbedarf und meiner Suche nach Investoren oder Beteiligungen gehört und wolle sich nun mit mir darüber unterhalten, da er über eine größere Summe im Auftrag Dritter verfüge. Als ich auf seine Frage, wie viel Geld ich für mein Projekt benötige, antwortete, ich bräuchte 50 Mio. Euro, sagte er ohne zu zögern, dass dies möglich sei. Im weiteren Gespräch hat er dann als ersten Schritt eine Vorauszahlung von 20 000 US-$ sowie ein Exposé über das Schieferdorf, die Beteiligungskosten und eine Einschätzung des Werts verlangt. Tatsächlich habe ich die von ihm angeforderten Unterlagen zusammengestellt und an seine Adresse in Ghana geschickt. Nach ein paar Wochen bestätigte er den Empfang und zeigte weiterhin Interesse, ins Schieferdorf zu investieren. Wiederum stellte er jedoch eine Vorauszahlung der 20 000 US-$ zur Bedingung, was ich jedoch abermals ablehnte.

In der Folge der nächsten Monate entwickelte sich zwischen uns ein Katz-und-Maus-Spiel. Dabei hielt ich ihn immer in der Hoffnung und dem Glauben, die verlangte Anzahlung auf irgendeine Art von mir zu bekommen – auch wenn ich mir selbst vollkommen klar darüber war, dass ich ihm dieses Geld erst geben würde, wenn er tatsächlich die für die Investition notwendigen Finanzmittel besorgt und ausgezahlt hätte. So bot ich ihm statt der verlangten 20 000 US-$ sogar 50 000 US-$ als Provision, die mit Überweisung der Beteiligung fällig werden sollte. Er lehnte aber ab und blieb stets dabei, er benötige erst die 20 000 US-$, um in meinem Sinne etwas bewegen zu können. Bei unseren Gesprächen zeigte sich dann, dass er unzählige Kontakte hatte. So bat er mich, nach London zu einer Dame zu fahren, die mir die benötigten Investitionen geben könne, wenn ich ihm vorher die Anzahlung überwiesen hätte. Ich aber vertraute Steven nicht und trat mit der Dame in England in Verbindung. In unserem Telefonat wirkte sie sehr vorsichtig und zurückhaltend, ließ aber auch ganz vorsichtig durchblicken, dass sie mit Steven in Verbindung stand. Durch geschickte Nachfragen bekam ich zudem heraus, dass sie kein Geld hatte und dies auch nicht als ihre Aufgabe empfand. Natürlich verzichtete ich darauf, sie - wie von Steven vorgeschlagen – in London zu besuchen, und brach außerdem den Kontakt zu ihr ab.

Nach zwei weiteren Versuchen Stevens, mich von der Übermittlung des Geldes via Mittelsmänner zu überzeugen, nahm er doch noch meine Einladung, das Schieferdorf als Investor zu besichtigen an. Jedoch redete er sich später mit einem Verweis auf ein verweigertes Visum heraus. Daraufhin trat ich mit der Deutschen Botschaft in Ghana in Verbindung und erkundigte mich beim Botschaftsleiter nach Steven, der behauptet hatte, ein Sohn Nyjereres zu sein. Dabei erfuhr ich, dass ein Visum nur dann abgelehnt wurde, wenn es Gründe dafür gebe. Zwar ließ der

Botschaftsleiter durchblicken, dass dies bei Steven der Fall wäre, über Einzelheiten wollte er mir jedoch keine Auskunft geben. Ein anderer Botschaftsmitarbeiter fand für mich dann jedoch heraus, dass Nyjerere keinen Sohn namens Steven hatte. Er habe zwar mehrere Kinder, informierte er mich, jedoch wäre kein Sohn mit Namen Steven bekannt. Als ich Steven darauf ansprach, wich er zwar aus, erklärte mir aber, natürlich stamme sein Familienname aus der Sprache seines Vaterlandes. Zudem zog er meine Informationen in Zweifel, bzw. behauptete, dass er in der Öffentlichkeit nicht so bekannt sei.

Auch nach längeren Pausen, während denen wir nicht in Kontakt standen, erreichte mich Steven immer wieder auf meinem Mobiltelefon, so z. B. auch im Urlaub am Chiemsee oder bei Wanderungen. Ich habe diese Unterhaltungen dann mit fortschreitender Zeit mit immer mehr Spaß geführt, denn ich hatte angefangen, ein wenig mit Steven zu spielen, um herauszufinden, wann und ob sich noch etwas Ernsthaftes entwickeln würde. Tatsächlich näherten wir uns irgendwann wieder so weit aneinander an, dass ich ihm anbot, ihm in der Hauptstadt seines Vaterlandes zu besuchen. Ich hatte mich schon angekündigt, Flug und Hotel gebucht, und mein Sohn hatte sich angeboten, mich zu begleiten, als er sich mit allen möglichen Ausreden davor drückte, mich im Hotel zu treffen. Stattdessen lud er mich ein, ihn bei sich zu Hause zu besuchen; er würde mich am Flugplatz abholen und dann mitnehmen. Das allerdings war mir viel zu gefährlich – besonders nachdem ich mich informiert und herausgefunden hatte, dass es in Ghana eine richtige

Mafia gab, die bereits viele Leute hatte verschwinden lassen. Manfred und ich waren also gewarnt und entsprechend vorsichtig. Nachdem er mit der Begründung, in seinem Land hätten die Wände überall Ohren, noch einmal ablehnte, mich im Hotel zu treffen, entschieden wir uns, die Flüge zu canceln und den Besuch abzusagen.

Gleichwohl ließ Steven nicht nach. So verabredeten wir nach einiger Zeit einen Termin in Zürich, wo ich endlich die versprochenen Investitionen, er hingegen die Anzahlung erhalten sollte. Dort traten dann wieder Verbindungsleute von ihm mit mir über mein Mobiltelefon in Kontakt, um mit mir ein Treffen auszumachen. Ich machte dieses und die Auszahlung der Anzahlung wiederum davon abhängig, dass eine entsprechende Zusage für die Verfügungen vorliegen musste. Schließlich schlug ich vor, eine Schweizer Bank zwischenzuschalten, in die der der Verbindungsmann das zu investierende Geld bringen sollte, das dort von einem Banker durchgezählt werden sollte. Nach dem Nachweis über die Summe sollten dann die 20 000 US-\$ Honorar aus der Bank geholt und den Verbindungsleuten bar ausgezahlt werden, im Anschluss daran würde ich die Investitionsmittel in der Bank deponieren. Wie zu erwarten war, kam es jedoch nicht dazu.

Dennoch fuhr ich nach Zürich, wo ich allerdings erkannte, dass Steven gefährlicher war, als ich zunächst angenommen hatte. So wurden seine Kontaktleute bei einem ersten Telefongespräch aufdringlich und fast bösartig. Zudem hatte ich bei einem Telefonat aus meinem Hotelzimmer ein merkwürdiges Gespräch gehört, wobei mir bewusst wurde, dass man mich auch über mein Handy orten konnte. Die Adresse meines Hotels hatte ich meinen Gesprächspartnern nämlich bereits aus Vorsicht nicht verraten. Auf einmal hatte ich das starke Gefühl, dass man mich jetzt hier besuchen oder überfallen würde. Also verließ ich augenblicklich das Zimmer, ließ Licht und Fernsehen an und verschwand in der Straße gegenüber dem Eingang in einer Kneipe, von der aus ich den Eingang im Auge behalten konnte. Es dauerte nicht lange, da erschienen drei oder vier Leute, die ins Hotel gingen, eine Weile blieben, wieder nach draußen kamen und sich unterhielten. Das war wohl die Truppe, die mich zu „sprechen" wünschte! Ich beobachtete sie: Sie gingen nicht ins Hotel zurück und verschwanden dann.

Danach habe ich lange gewartet, bis ich mich aus der Kneipe hinaus traute. Ich wusste nämlich nicht, ob sie ein Foto von mir hatten und mich so erkennen könnten. Schließlich habe ich mich aber doch vorsichtig aus der Kneipe hinausgeschlichen und bin dann über Umwege in ein anderes Hotel gegangen, wo ich mir für die Nacht ein Einzelzimmer buchte. Auch am nächsten Vormittag bin ich noch lange durch die Stadt gelaufen, bis ich dann doch zurück zu meinem ersten Hotel gegangen bin. Der Portier war nicht der gleiche wie in der Nacht zuvor und konnte mir daher nichts über die rätselhaften Besucher sagen, die mich am Abend zuvor so in Angst und Schrecken versetzt hatten. In meinem Zimmer brannte nach wie vor das Licht, und auch der Fernseher lief noch. Zwar konnte ich keine Spuren dafür finden, dass die Männer in meinem Zimmer gewesen waren, aber die Türschlösser schienen mir alles andere als vertrauenswürdig. Hineinzukommen ohne Spuren zu hinterlassen, erschien mir daher durchaus möglich.

Ich packte meine Sachen und flog nach Hause. In der Folgezeit kappte ich meine Verbindung zu Steven schrittweise, sodass er zunächst glauben konnte, ich wäre immer noch an einem Geschäft mit ihm interessiert. Das war notwendig, um weiteren Verfolgungen zu entgehen. Schließlich teilte ich ihm mit, ich hätte das Geld von einem anderen Finanzier bekommen. Es täte mir Leid, jetzt nicht mit ihm ins Geschäft zu kommen, da ich furchtbar gern mit ihm als Partner zusammengearbeitet hätte. Zum Glück hat Steven diese Erklärung hingenommen, und ich habe – Gott sei Dank! – nie wieder etwas von ihm gehört.

Noch ein weiteres Mal geriet ich während meines zweijährigen Versuchs, den Markt doch noch einmal anzufachen und das Schieferdorf durch weitere Verkäufe zu erhalten, mit äußerst zwielichtigen Geschäftsleuten in Verbindung. Wie im ersten Fall, in dem wir über gute Geschäftspartner in Verbindung zu dem betrügerischen Kapitalvermittler in München geraten waren, kam auch hier der Kontakt über eine bereits bestehende Geschäftsverbindung zustande. So arbeiteten wir schon seit längerem mit einem Immobilienunternehmen zusammen, das gegen eine entsprechende Umsatzbeteiligung für uns die Bewerbung unserer Ferienhäuser übernommen hatte. Plötzlich hatte einer der Geschäftsführer der Immobilienfirma nun ein Angebot eines Herrn, der sich für unser Schieferdorf interessierte und auch einer Teilhaberschaft bzw. Übernahme des Projektes nicht abgeneigt schien. Aus verschiedenen Telefongesprächen, die unser Geschäftspartner für uns führte, resultierte dann die Vereinbarung, sich in einem bekannten Luxushotel in der Nähe des Markusplatzes in Venedig zu treffen. Wir buchten Flug und Hotel und reisten dann erst mit dem Flugzeug, dann mit einem Bootstaxi zum besagten Hotel, wo wir an der Rezeption nach unserem Gesprächspartner fragten. Dieser war dort jedoch nicht bekannt und hatte auch nichts für uns hinterlegt. Also versuchten wir, ihn per Handy zu erreichen, um herauszubekommen, ob unser Termin nun stattfinden würde. Dieses kam jedoch erst nach einem zweiten Telefonat zustande. Was wir allerdings erst später bemerkten: Cannolo hatte uns bereits die ganze Zeit aus dem Lobbybereich beobachtet und abgewartet, was wir tun würden. Mein Begleiter, der – bevor er gemeinsam mit einem Kollegen seine Immobilienfirma gegründet hatte – lange Zeit mein Betreuer bei unserer Hausbank gewesen war, kannte aus seiner Zeit bei der Bank die Sorte Geschäftsleute genau, zu der Cannolo gehörte. Er hatte sofort einen schlechten Eindruck von unserem Gesprächspartner und stellte bereits nach zehn Minuten die entscheidende Frage: „Wollen Sie nun investieren oder ist das Ganze hier irgendeine Veranstaltung mit falschen Hintergründen?" Nachdem er dies zwei Mal gefragt hatte, verließ mein Hohenwinkeler Gefährte das Lokal und ließ Cannolo und mich allein zurück. Dieser versuchte noch, mich zu bearbeiten und bediente sich dabei der gleichen Masche, die auch Steven versucht hatte anzuwen-

den. Wie er wollte dieser einige zig Tausend Dollar
haben, bevor er dann mit dem angeblich vorhandenen Geld bzw. einer Beteiligung herausrücken würde. Da ich das Spielchen aus meinen vorherigen
Begegnungen mit Steven schon kannte, habe ich es
eine Weile mitgespielt, bis ich ihm endgültig absag-
te. Den Besuch in Venedig werte ich heute als ein
persönliches Erlebnis. Denn wir haben die Stadt
genossen und nach meinem Treffen mit dem Gau-
ner noch eine wunderschöne Zeit mit vorzüglichem
Essen und ebenso gutem Wein gehabt.

Unsere Erlebnisse mit den Gaunern aus München,
mit „Steven" und Cannolo zeigen, wie viel Geier
durch schwache oder sterbende Firmen angezogen
werden. Wie auf Aas stürzen sie sich auf jeden, der
durch Veränderungen der Marktsituation in persönliche oder geschäftliche Schwierigkeiten geraten ist,
und verdienen auch an eigentlich zahlungsunfähigen
Leuten noch, indem sie ihnen durch Versprechungen noch die letzten Reserven aus der Tasche ziehen.
Mir ist dagegen kein einziges Unternehmen bekannt,
dem tatsächlich durch diese Sorte von Finanzbera-
tern und –vermittlern geholfen wurde. In Notzeiten
gibt es nur wenig Freunde und Helfer – vor allem
dort, wo man im Vorhinein Zahlungen leisten soll!

Über diese Versuche, doch noch von dritter Seite
Geld zu beschaffen, war schließlich die mit der Bankengesellschaft vereinbarte Frist abgelaufen und es
kam zur Zwangsversteigerung des Hohenwinkeler
Projekts. Auch hier beruhigte uns Haag und erklärte, wir würden das Engagement für den ausgehan-

delten Preis ansteigern und übernehmen. Wahrscheinlich wäre es besser gewesen, wenn wir bei der Versteigerung nicht mehr in Erscheinung getreten wären, wenige Tage zuvor sagte Haag allerdings zu und erklärte, er werde kommen und den für die Teilnahme notwendigen Scheck über eine Million Mark mitbringen: „Wir können und werden ansteigern!". Als der Termin eröffnet wurde, musste Haag jedoch zugeben, keinen Scheck dabeizuhaben. Er erklärte aber, ihm sei ein Kredit von 50 Mio. zugesagt worden. Auf Befragen des Richters stellte er eindeutig klar, dass es sich nicht um D-Mark, sondern um Euro handle. Damit leistete sich Haag das größte Täuschungsmanöver, das er in seinem Leben wohl unternommen hatte. Denn sowohl der Richter als auch die Vertreter der Bank haben seinem Angebot zugestimmt, ohne die übliche Hinterlegung als Bedingung zu stellen. Zudem veranlasste Haag mich, auf die verschiedenen Positionen in der Zwangsversteigerung so zu bieten, dass wir den Zuschlag erhielten.

Nach den Versteigerungen trafen wir uns noch, um im Kurhaus mit einem Piccolo auf die Rettung des Schieferdorfes anzustoßen. Schon vorher waren viele meiner Freunde gekommen, um uns zur glücklichen Lösung zu gratulieren. So war ich für kurze Zeit der glücklichste Mensch der Welt: Wir schienen aus dem Schneider. Nur die Zahlungstermine mussten eingehalten werden.

Hier aber lag nun unser Problem. Denn schon der erste Zahlungstermin verstrich, ohne dass gezahlt wurde. Ebenso die Verlängerung. Dann erst merkten wir, dass Haag uns gemeinsam mit seiner Partnerin hintergangen und hereingelegt hatte.

Letztlich wurde nämlich keiner der Zahlungstermine von ihnen bedient, sodass das Gericht die Zwangsversteigerung schließlich als wirkungslos erklären musste. An der später stattfindenden zweiten Zwangsversteigerung steigerte die Bank das gesamte Vermögen selber an und beendete damit auch unsere die letzte Chance, den Kredit abzulösen. Dadurch dass Haag unseren Zahlungszusagen nicht nachgekommen war, war wieder etwas völlig Unerwartetes geschehen, etwas das wir nicht kalkulieren konnten. Diesmal jedoch bedeutete es für uns das endgültige Aus. Berechtigt oder nicht – wir hatten das Vertrauen unserer Banken und Geschäftspartner verloren. Haag hatte uns bzw. meiner „Sigismund Vogler KG" den Todesstoß versetzt.

Immer noch ist meiner Familie und mir ein Rätsel, warum und aus welchem Antrieb Haag uns so hintergangen hat. Denn es gab für uns keinen Anlass, ihm nicht zu trauen. So hatte er uns sogar einmal geholfen, nachdem wir einem Schweizer Kapitalvermittler zwar 10 000 Euro Anzahlung übergeben, dafür aber nicht die versprochenen Investitionsmittel erhalten hatten. Damals hatte mich Haag zu einem zweiten Treffen begleitet und meine offensichtlich unseriösen Gesprächspartnern mit der Hinzuziehung der Schweizer Kriminalpolizei und Wirtschaftsaufsicht gedroht, wenn sie die Anzahlung nicht sofort zurückgäben. Leider habe ich mich damals – nachdem Haag das Zimmer wieder verlassen hatte – von meinen Gesprächspartnern breitschlagen lassen, noch ein wenig auf das versprochene Kapital zu warten, und habe so meine Anzahlung letztlich verloren. Und tatsächlich hat Haag die kriminellen Kapitalvermittler damals angezeigt und damit ermöglicht, dass diese Gesellschaft hochgenommen wurde. Auch wenn ich meine 10 000 Euro nicht zurückbekam, war das Gespräch mit den Kapitalvermittlern aufschlussreich und es brachte zugleich einen – von uns allerdings erst ignorierten – ersten Hinweis darauf, dass mit Haag vielleicht doch nicht alles so war, wie es schien. Denn unsere Gesprächspartner schienen ihn zu kennen und konnten uns von 30 oder 40 anderen Firmen berichten, die in der gleichen Lage wie wir waren und ebenfalls auf von Haag zugesagte Investitionsmittel warteten. Letztlich bekamen wir nie heraus, warum Haag diese Verhandlungen führte, großzügige Finanzierungszusagen aussprach und dann nicht einhielt. Auch blieb uns schleierhaft, was er selbst davon hatte, denn er verlangte nie ein Gehalt oder Vorauszahlungen für seine Zusagen.

Natürlich habe ich auch unmittelbar vor dem endgültigen Aus meiner Kommanditgesellschaft versucht, unsere Lage und die Gründe der ausgebliebenen Zahlungen in den üblichen Gesprächen mit dem Kreis und der Verbandsgemeinde zu schildern. Schließlich war ich überzeugt gewesen, dass wir nunmehr eine realistische Chance hatten, das Schieferdorf zu retten, und auch der Verbandsbürgermeister hatte mir geglaubt. Dennoch hatte ich nun auch hier das Vertrauen meiner Gesprächspartner verloren.

Dass die mit unserer Hausbank geschlossenen Verträge Ende April 2002 ausliefen, war für mich zwar kritisch. Dennoch wäre der 30. April nicht der endgültige Schlusstermin meiner Geschäftstätigkeit gewesen, hätten wir mit der Bank weiter verhandeln oder mit der Bankengesellschaft ein weniger krass geschnürtes Vertragspaket schnüren können. Sie jedoch hat immer am „Gesamtpaket Schieferdorf" festgehalten und hat uns nicht gestattet, einzelne Teile zu verkaufen. So hatten Fromm und ich unserem Gläubiger rechtzeitig vor dem Auslaufen des Vertrags eine Gesellschaft aus Österreich vorgestellt, einen großen Projektentwickler, der zusammen mit einem international bekannten Architekten aus Salzburg weltweit erfolgreich Projekte gebaut, vollendet und betrieben hat. Doch hat die Bank auch nach Fristende ungeschickt mit der österreichischen Gesellschaft verhandelt und mit ihr keinen Vertrag, sondern lediglich nach langem Zögern und mehr als 14 Monaten Wartezeit eine Option abgeschlossen. Mir war klar, dass kein Projektentwickler Geld investieren würde, wenn er sich nicht auf feste Verträge würde stützen können. Dass die Bank dies nicht sah und meinem potenziellen Investor nur die Optionen anbot, ist für mich nach wie vor nicht zu verstehen. Natürlich hat der damals noch interessierte Projektentwickler sein Angebot zurückgezogen und den Termin für die ihm angebotene Option verstreichen lassen. Meine Versuche, zwischen Investor und Bank zu vermitteln und zu helfen, die Dinge noch in eine passende Vertragsgestaltung zu lenken, wurden von der Bankengesellschaft ohne Begründung abgelehnt. Es scheint ihr völlig gleichgültig gewesen zu sein, wie viele Zinsen sie durch ihre Entscheidung verlieren würde. Kein Wunder – sie kann ihre Verluste ja auf Kosten der Steuerzahler abschreiben. Bis heute ist es ihr zudem nicht gelungen, auch nur einen einzigen Quadratmeter der aus unserer Pleite übernommenen Grundstücke zu veräußern. Letztlich hat sie so noch keinen Cent ihres Investments zurückbekommen. Wie viel mehr hätte sie davon gehabt, uns den Verkauf einzelner Parkelemente zu gestatten und damit vielleicht doch noch die Rettung des Gesamtprojekts zu ermöglichen!

16. Verlierer

Die Insolvenz der KIP und sämtlicher mit dem Schieferdorf verbundenen Gesellschaften ist, wie ich beschrieben habe, letztlich auf die Betrügereien der ehemaligen Geschäftsführer Singer und Stadler sowie auf das Gebaren des Mertens-Testamentsvollstreckers Dückmann zurückzuführen, der beide nicht gestoppt und gleichzeitig sämtliche Investitionen gestrichen, damit die KIP vorsätzlich ausgehungert hat. Gelitten haben unter diesem Verhalten alle.

So haben die Banken etwa 20 Mio. Mark durch nicht getilgte Schulden verloren, wovon allein auf unsere Hausbank mindestens 10 Mio. Mark fielen. Auch die Ferienhausbesitzer litten unter der KIP-Insolvenz und ihren Folgen. Denn viele hatten die Häuser gerade wegen der Mietgarantien zu den durch die hohen Provisionen überhöhten Preisen gekauft und damit gerechnet, über das von Singer und Stadler angepriesene Steuermodell weitere Einkünfte zu erzielen. Dabei hatten sie nicht zuletzt auf den guten Namen der Großbäckerei gehofft, mit dem – wie beschrieben – auf den Prospekten geworben worden war. Dadurch dass die eigentlich garantierten Mieten nun ausblieben, erlitten zahlreiche Ferienhausbesitzer so große Verluste, dass es zu Zwangsversteigerungen kam - insgesamt zwischen 100 und 120 an der Zahl. Bei ihnen konnte jedoch meist nur ein Viertel, in vergleichsweise glimpflichen Fällen die Hälfte des ursprünglichen Kaufpreises wieder erlöst werden. Das wiederum hat viele Ferienhausbesitzer in große Probleme gebracht, die ihre Immobilien hatten finanzieren müssen; sie sind trotz der Versteigerungen letztlich auf einem großen Teil ihrer Schulden sitzengeblieben. Das unrühmliche Ende der KIP hat zudem dem Image des gesamten Schieferdorfs so geschadet, dass auch heute noch alle Werte auf die Hälfte des ursprünglichen Investments gesunken sind.

Zwar war die Gemeinde durch ihre zögerliche Investitionspolitik und fehlende Förderung letztlich mit daran beteiligt, dass das Schieferdorf scheiterte, doch hatte letztlich auch sie an den Folgen der KIP-Insolvenz zu leiden. Sie blieben so zunächst auf unbezahlten Steuern und Abgaben sitzen, die wir, bzw. unsere KG allerdings versucht haben, durch die Übertragung von Grundstücken zu bezahlen. Allerdings verband die Gemeinde die Verrechnungssumme nicht mehr mit der Rechtskraft des Bebauungsplans, sondern verschob sie mit Verweis auf ihre Finanznot auf die eigene Verwertung. Unser Angebot, durch Teilzahlung eine Finanzierung zu erreichen, die für die Gemeinde dann längerfristig jeweils überschaubare Kosten zur Folge gehabt hätte, lehnte die Gemeinde jedoch ab. Damit war die Frage nach den noch ausstehenden Zahlungen weiterhin ungeklärt, unsere Streitigkeiten setzten sich in der Folge fort. Monate und Jahre haben wir so darüber diskutiert, inwieweit die durch den Verbandsbürgermeister Peters aufgestellte Liste der Schulden richtig und berechtigt war. Da wir uns somit über bereits über die Grundlage vertraglicher Vereinbarungen uneins waren, scheiterten mehrere Vertragsentwürfe. Auf dem Höhepunkt unserer Verhandlungen, kurz bevor der Notar mit der Beurkundung unserer Vereinbarungen beauftragt wurde, ist mit mir einmal wieder der Widder durchgegangen. Denn auf einmal fühlte ich mich von allen Seiten von Fallen umstellt, in die ich – geblendet von neuen Zukunftsaussichten – tappen sollte. Wie es meinem Naturell entspricht, bin ich damals sofort zur Gegenwehr übergegangen und habe eine neue Strategie entwickelt, die ich dem Bürgermeister erst brieflich angekündigt und dann binnen kurzem ausgeführt habe. Ab nun wollte ich auf die Urkunde verzichten und für keine Schulden meiner beiden Kommanditgesellschaften mehr aufkommen. Die geschuldeten Steuern meiner Frau bezahlte ich mit einem beigefügten Scheck; für die wiederkehrenden Beträge meiner Frau von monatlich etwa 12 500 Euro kündigte ich hingegen Streit an.

Da Peters mich gut kannte, wusste er, dass ich keine Spielchen mit ihm treiben und meine Ankündigungen durchführen würde. Daher hat er mir binnen weniger Tage einen Brief geschrieben, in dem er – wie ich es empfinde – im Namen der Gemeinde die weiße Flagge hisste. In einem anschließenden Gespräch bot er mir so an, die wiederkehrenden Forderungen sowohl bei den Gesellschaften KG 1 und KG 2 als auch bei meiner Frau zu streichen. Das hatte ich zwar nicht erwartet, doch half es mir insgesamt auch wenig, da gleichzeitig die große Summe von 91 000 Euro Gewerbesteuern mit einem Zinssatz von 0,5 % im Monat weiterlief. Bei einer Laufzeit von fünf bis zehn Jahren hätte sich damit der Schuldbetrag schnell verdoppelt. Dies jedoch war für mich und meine Frau nicht hinnehmbar. Nachdem ich von meinem Finanzberater erfahren hatte, dass es nicht beim Finanzamt, sondern bei der Stadt lag zu entscheiden, ob die Zahlung der umstrittenen Gewerbesteuer eingestellt würde, habe ich eben dies von ihr als Bedingung für die geplante Beurkundung gefordert. Letztlich war es jedoch der Stadtrat, auf dessen Entscheidung ich lange warten musste.

Nur der Konkurs aller meiner Sigismund Vogler Gesellschaften konnte den allen entstandenen Schaden schließlich etwas mindern. Auch meine Tochter Miriam und ich gingen als persönlich haftende Gesellschafter in die Insolvenz und büßten damit alles bis zur totalen Mittellosigkeit ein. So habe ich persönlich mit meinem Grundbesitz mehrere Millionen Mark verloren, außerdem muss ich auf mehrere Tausend Mark Erbbauzins im Monat, damit auf meine geplante Rente verzichten. Ganz zu schweigen natürlich von meinem Ansehen als Geschäftsmann und Privatier. Zum Glück haftete meine Frau nicht oder in nur ganz geringem Umfang. Sie muss mich heute von ihren geringen Einkünften mitfinanzieren. Insgesamt war unser Familieneinkommen jedoch vor allem in der ersten Zeit so gering, dass es unsere Ausgaben nicht deckte, sodass wir von verschiedenen Seiten unterstützt werden mussten.

Singer und Stadler haben jedoch nicht nur Mertens und mich um viel Geld gebracht. Unter ihnen gelitten hat auch ihr ehemaliger Gesellschafter,

Martin Koch. Dieser hatte im Ruhrgebiet von einer früheren Bergwerksgesellschaft das gesamte Gelände erworben und bereits einiges in die Vorarbeiten investiert, die nötig waren, um hier ebenfalls einen Ferienpark zu errichten. Neben dem Bergwerk befand sich auf dem Areal auch der Sitz des Industriebarons, der schon äußerlich adligen Herrschaftssitzen nachempfunden war.

An der mit Singer und Stadler geschlossenen Gesellschaft war Koch aufgrund seines Grundbesitzes mit 90 % beteiligt, die anderen beiden teilten sich die verbliebenen 10 %. Seinen schönen Besitz verlor er nun dadurch, dass er bei Gründung der Gesellschaft, vertrauensselig wie er war, zugestimmt hatte, dass Entscheidungen nicht von der Mehrheit der Anteile, sondern von der Mehrheit der drei Gesellschafter getroffen werden konnten. Damit aber hatte er Stadler und Singer die Möglichkeit in die Hand gegeben, ihn nach Strich und Faden zu betrügen und ihm letztlich auch sein Eigentum aus der Hand zu drehen. Sie verkauften ihm so für mehrere Millionen Mark Anteile am Hotel, das Koch zeitweilig auch führte, sowie stille Gesellschaftsanteile an der KIP und an der Vermarktungsgesellschaft. Dadurch dass Dückmann seine Hotelbeteiligung in KIP-Anteile umgewandelt hatte, verlor Koch mit der KIP-Insolvenz alles und durch die hohe Verschuldung letztlich auch seinen recht einträglichen Verdienst, den er aus der auf seinem Gelände betriebenen Müllkippe bezogen hatte. Koch hat zwar mit allen Mitteln versucht, sich gegen den Verlust zu wehren, und hat auch tatsächlich in den Containern Papiere gefunden, die zeigten, dass Stadler und Singer ihn hintergangen hatten. Doch hat alles nichts genutzt, da sich diese auf den anfangs von Koch unterzeichneten Gesellschaftervertrag stützen konnten.

Zu meiner großen Genugtuung verloren mit meinem endgültigen wirtschaftlichen Untergang jedoch nicht nur die genannten Investoren und Banken viel Geld, sondern letztlich auch Stadler, der mich – wie beschrieben – zuletzt durch Kontosperrungen und Pfändungen versucht hatte, zu Zahlungen zu zwingen. Letztlich hat auch er die Rechte, die ihn in einem zweiten Verfahren in meiner Abwesenheit zugesprochen worden waren, nicht mehr durchsetzen können. Denn zu guter Letzt sind auch diese Teile durch die Konkurse und Insolvenzen der KIP und der Sigismund Vogler Gesellschaften verloren gegangen. Dabei hat Stadler auch die Ansprüche verspielt, die ihm bereits sicher waren, da er es versäumt hat, sie mittels der bereits erteilten Vollmachten auf sich überschreiben zu lassen. So hat er seine Taten, die er gegen mich, meine Gesellschaften und das Schieferdorf verübt hat, letztlich durch den Verlust von Millionensummen bezahlen müssen und dabei nicht nur das Grundstück des Hotels, sondern auch die von ungefähr 50 Ferienhäusern verloren. Diesen Verlust betrachte ich als gerechte Strafe für seine Betrügereien – auch wenn er dennoch bedeutende Bestandteile des Schieferdorfes behalten konnte, die er auch heute noch mit allen Raffinessen vermarktet. Inzwischen haben sich Stadler und Singer zerstritten und sich auch vor Gericht auseinandersetzen müssen. Was daraus geworden ist, habe ich jedoch nicht weiter verfolgt – zu sehr erinnert es mich an den Schaden, den beide mir zugefügt haben. Abschließen kann ich erst, seit wir vor kurzem den letzten von Stadler verursachten Schatten auf dem Eigentum meiner Frau beseitigen und das Penthaus meiner Frau und weitere Grundstücke an Nachfolgeunternehmen verkaufen konnten. Damit haben wir uns endgültig von Hohenwinkel und dem Schieferdorf gelöst und unseren Alterssitz nach Minderzhagen gelegt.

17. Schicksal der Einzelprojekte

Da ich bislang hauptsächlich das Schicksal unseres Gesamtprojekts Ferien- und Freizeitpark beschrieben habe, soll nun auch der Entwicklung unserer zahlreichen Einzelprojekte ein abschließender Blick gelten. Beginnen möchte ich dabei mit dem geplanten Herzstücks unserer Anlage: dem Freizeitzentrum. Nachdem dieses und mit ihm die es tragende Gesellschaft aus den beschriebenen Gründen (unter ihnen dominierend: der Verzicht auf einen raschen Bau des Erlebnisbads) gescheitert und in den Konkurs gegangen war, gliederte der Konkursverwalter es wegen der extremen Unterhaltskosten aus der restlichen Konkursmasse aus und übertrug meiner damals noch bestehenden KG die Verantwortung. Zwar waren bereits 18 Mio. Mark investiert worden, doch waren wir fortan stolze Liquidatoren eines riesigen Trümmerhaufens, der sich bereits in einem Stadium des fortgeschrittenen Verfalls befand. Obwohl eine erfolgreiche Wiederbelebung sicher auch die Gemeinde hätte profitieren lassen – es sei nur an die Bedeutung des Zentrums für den Fremdenverkehr erinnert –, ließ diese jegliche Unterstützung vermissen. Stattdessen machte sie uns plötzlich Auflagen, deren Erfüllung uns Kosten von insgesamt etwa 250 000 Euro bescherten, ohne die wir aber die erforderliche Konzession nicht erhalten hätten. Schließlich erteilte sich die Schankerlaubnis immer nur für drei Monate, um dann erneut abzuwarten, ob ihre Forderungen erfüllt würden.

Dennoch fanden wir einen Unternehmer, der versucht hat, das Freizeitzentrum zu betreiben. Mit ihm hatten wir schon in früherer Zeit zusammenarbeiten wollen; damals jedoch hatte ihm letztlich das Geld gefehlt. Nun aber investierte er mit zwei Partnern viel Geld, erneuerte die eingeworfenen Fensterscheiben, die Heizung und die Wasserleitungen und richtete auch sonst alles so her, dass er das Zentrum wieder eröffnen konnte. Da er erkannte, dass er vor allem mit größeren und besonderen Veranstaltungen erfolgreich sein würde, bot er im Abstand von einem bis zwei Monaten große Aktionen an, mit denen er in der Tat mehrere Hundert bis Tausend Besucher angezogen und den nötigen Umsatz erwirtschaftet hat. Dann beschwerten sich allerdings einige Anwohner, ganz gewiss nicht mehr als 5 % der Bewohner des Schieferdorfes, was weitere Auflagen zur Folge hatte. Dabei nutzte die Gemeinde wieder den von der Vergabe der Schankgenehmigung ausgehenden Druck und zwang den Betreiber letztlich sogar, eine Veranstaltung abzusagen, bei der Harley-Davidson-Fahrer auftreten sollten. Natürlich hatte dies einen größeren wirtschaftlichen Schaden zu Folge und führte letztlich dazu, dass der Betreiber des Freizeitzentrums aufgab.

Damit stand fest, dass das Freizeitzentrum wieder zerfallen würde, wenn es nicht gelänge, einen neuen Investor und Betreiber für es zu finden. Die Gemeinde schaute weiterhin – blind für auch ihr aus dem Freizeitzentrum erwachsenden Einnahmen

und Chancen – zu und erkannte nicht, welchen
Anteil sie an diesem Zerfall hatte. So lag es wiederum an mir, neue Betreiber bzw. Investoren suchen. Sie fand ich schließlich im Betreiber des Golfplatzes und seinem Partner, einem Großhotelier. An
sie habe ich das Zentrum letztlich für den symboli-
schen Preis von 1 Euro verkauft.

Dass zu unserem Ferienpark von Anfang an ein
Golfplatz gehören sollte und wir ihn inmitten des
Feriendorfes geplant haben, habe ich einige Kapitel
zuvor beschrieben. Wie der Platz in Schwarzenberg
sollte auch der in Hohenwinkel offen für jedermann
sein. Allerdings funktionierte dieses Konzept auch
hier nicht. Zu Anfang jedoch haben wir rasch einen
Investor gefunden, der zusammen mit dem Hotel
auch den Golfplatz, allerdings zunächst in Form eines Kurzplatzes, bauen wollte. Sie brachten einen
auf Golf spezialisierten Landschaftsarchitekten mit,
der wegen der geografisch bedingten Wasserarmut
des Geländes auch eine entsprechende Bewässe-
rungsanlage konzipierte. Seinem Konzept folgend
bohrten wir einen Brunnen mit entsprechender
Schüttung und legten ein Auffangbecken an, aus
dem das Wasser bei Bedarf herausgepumpt werden
konnte. Insgesamt waren die neun Bahnen des Golfplatzes hervorragend geplant – sie passten sich dem
Geländeverlauf an und beinhalteten einen höher gelegenen Teich, der sein Wasser dann sukzessive auf
alle Teiche der Greens verteilte. Kurz nach dem Baubeginn traf uns allerdings die erste Rezession von
1970/71, in deren Folge die Investoren aufgaben und
sich aus unserem Projekt zurückzogen. Zwar war

der Golfplatz in weiten Teilen schon angelegt, es fehlten aber noch die Greens.

Nach einiger Zeit unternahm Bechtholdt einen Versuch, den Weiterbau des Golfplatzes zu ermöglichen und gründete daher mit sechs weiteren Herren einen Golfclub. Zur gleichen Zeit weilte ich mit meiner Frau in Bechtholdts Ferienhaus in Portugal, um dort unseren gemeinsamen Urlaub zu verbringen. Wie so oft in meinem Leben bin ich dort nachts wach geworden, diesmal in Gedanken an den Golfplatz. Neben dem Angebot des sich gerade gründenden Golfclubs gab es nämlich auch einen privaten Investor, der sich an unserem Vorhaben interessiert zeigte. Sein Angebot würde uns schnelle Liquidität bringen. Da ich es für die bessere Option hielt, sagte ich Bechtholdt und dem Golfclub nach meiner Rückkehr ab und schloss mit unserem Münchener Investor uns seinen Partnern die entsprechenden Verträge, die uns einen netten Betrag in die Kasse spülten. Tatsächlich stellten sie den Kurzplatz innerhalb kurzer Zeit fertig und begannen die Planungen für den restlichen Platz. Besonders gut gefiel mir, dass unsere Investoren mein Konzept des „Golfplatzes für Jedermann" teilten und unterstützten. So sollte auch in ihrem Modell jeder Käufer eines Ferienhauses automatisch gesicherten Zugang eines noch neu zu gründenden Golfclub haben. Wer nicht Mitglied des Clubs werden wollte, konnte dennoch wahlweise gegen die Zahlung eines Grundeintritts, von Greenfees oder eines Jahresbeitrags den Golfplatz nutzen.

Die anfangs mäßigen, später langsam erhöhten Eintrittspreise führten zu einem guten Start; schnell waren 800 „Eventualmitglieder" versammelt. Auch viele Mitglieder des von Bechtholdt gegründeten Golfclubs schlossen sich schließlich an. Auch unsere Münchener Investoren gerieten jedoch durch die Rezession in Schwierigkeiten und so beendeten sie ihr Engagement, nachdem sie ihre Planungen durchgeführt, Aufträge erteilt, die Finanzierung gesichert und ausgeführt hat. Dabei haben wir sie allerdings stark unterstützen und uns an der Finanzierung beteiligen müssen. So wurde der Golfplatz schließlich doch noch fertig – ein schöner und besonders liebenswerter Platz, der vor allem durch den zweiseitig leicht abfallenden Höhenrücken einen fantastischen Ausblick gen Süden bietet.

In den Zeiten des Engagements von Anneliese Mertens gehörte der Golfplatz wie leider so vieles andere zum Verantwortungsbereich von Singer und Stadler bzw. der KIP. Hatten unsere Münchener Investoren Bechtholdt, mir und unseren direkten Familienangehörigen eine lebenslange kostenlose Nutzung des Platzes zugesagt, wurde uns dies mit Beginn unserer Auseinandersetzungen von Singer und Stadler untersagt. Natürlich hat uns das privat sehr enttäuscht, was aber geschäftlich wesentlich schwerwiegender sein sollte, war das Verhalten vieler Golfer gegenüber dem bereits benannten Hotelier Meyer. Dieser hatte ihnen nämlich das Clubhaus überlassen und in seinen Hotelbereich integriert. Sie dankten ihm sein Engagement jedoch nicht und bestanden darauf, die Bewirtschaftung selbst zu übernehmen. Nie sollte sich Meyers Hoffnung erfüllen, in Zusammenarbeit mit den Golfern größere Veranstaltungen durchzuführen, damit seine Küche und sein Restaurant bekannt zu machen und die entsprechende Zahl an Übernachtungsgästen in seinem Hotel begrüßen zu können.

Wie zu erwarten war, kam im Laufe des KIP-Untergangs auch die von Singer und Stadler geführte „Golf GmbH" in Schwierigkeiten und musste Insolvenz anmelden, womit ihr Einfluss auf den Golfclub endete. Da der Club nun auch sein Clubhaus aufgeben musste, trat sein Geschäftsführer, Roland Lingen, mit uns in Verbindung. So funktionierten wir das „Residenzhotel" in ein Golfclubhaus um, das Lingen fortan als „Clubhaus und Hotel" betrieb und um Umkleiden und Badeeinrichtungen, Aufbewahrungsmöglichkeiten für die Golfutensilien und weitere Parkplätze für die Golfer erweiterte. Durch die dadurch eingehenden Mieten erhielten die Eigentümer des Residenzhotels, zu denen auch meine Frau gehörte, erstmals sichere Erträge und konnten damit endlich ihre Schulden tilgen.

Zuvor waren mit der Fertigstellung des ursprünglich als Großhotel geplanten Residenzhotels immer wieder große Schwierigkeiten verbunden gewesen. Zwar hatten wir, wie beschrieben, das Residenzhotel als eigene kleine Einheit realisieren können, doch scheiterte sein Weiter- und Ausbau mehrfach. So waren wir auf der Suche nach einem Investor zunächst in Kontakt mit der Düsseldorfer „Finn Parc GmbH" geraten. Ihr Konzept sah vor, Ferienwohnrechte für bestimmte Wochen als Teileigentum zu vertreiben; es sah somit eine Eigentümergenossenschaft vor, die dann der Aufsicht unterstand. Auch als Investor versprach Finn Parc lange, verlässlich zu sein. Denn ihr Rückgrat bildete ein finnischer Baukonzern, der vor allem in Russland über sehr viele Aufträge verfügte. Entsprechend brachte Finn Parc die notwendigen Voraussetzungen mit, um das Residenzhotel von uns zu kaufen. Recht bald jedoch geriet mit dem Zusammenbruch des Ostblocks die russische Wirtschaft in ernste Schwierigkeiten. Entsprechend verlor die Gesellschaft viele ihrer Aufträge, damit verbunden viel Kapital in Russland. In der Folge musste sich die Finn Parc insgesamt neu ausrichten, was auch zur Folge hatte, dass sie sich aus dem Projekt zurückzog und der bereits beurkundete Kauf des Residenzhotels rückgängig gemacht wurde. In der Folgezeit arbeiteten wir, wie in Zusammenhang mit Haag beschrieben, mit einem deutsch-britischen Hotelkonzern zusammen, bis auch dieses Engagement scheiterte.

Inzwischen wird das ehemalige Residenzhotel von einer niederländischen Hotelgesellschaft betrieben und bewirtschaftet, die auch den Golfplatz übernommen hat. Ihr Geschäftsführer, Erik van het Dorpe löste Lingen ab und trat mit der Vertragsunterzeichnung auch mit meiner Frau und mir in Verhandlungen. Denn er war sehr an unserem Penthaus interessiert und hat bei der Bank unsere Verbindlichkeiten für es abgelöst und es schließlich von uns gekauft. Wir hatten dieses Appartement sehr wertvoll eingerichtet, da wir immer beabsichtigten, es einmal als Senioren- und Alterswohnsitz zu nutzen. Alles, was dafür an Komfort notwendig war, hatten wir schon in die Anfangsplanungen miteinbezogen. Entsprechend führte der Aufzug bis in unsere dritte Etage und ermöglichte damit, das Appartement zu erreichen, ohne eine einzige Stufe steigen zu müssen. Eine Etage höher, im Dachgeschoss, hatte ich mein Büro und einige Besprechungsräume eingerichtet; viele Möbel hatte ich schon von Minderzhagen hierher gebracht. So wohnten wir bereits einige Jahre in unserem Penthaus und nutzten es gleichzeitig auch als Anlaufstelle für gute Kunden. Wäre der ursprünglich im Anschluss an das Residenzhotel geplante Hotelbau fertig gestellt worden, hätten wir auch das dort angelegte Wellnessbereich von unserem Penthaus aus mühelos erreichen können. Auch wäre die Versorgung durch die Einrichtung einer Seniorenpflege und die Verbindung zur Hotelgastronomie gesichert gewesen – ein perfekter Alterssitz also.

Durch die KIP-Pleite und die beschriebenen Folgen mussten wir das Penthaus nun jedoch aufgeben und haben uns dazu entschieden, in unserem wunderschönen Haus in Minderzhagen zu bleiben und dort den Rest unseres Lebens zu verbringen. Da wir unsere Hohenwinkeler Möbel weder einzeln verkaufen noch in Minderzhagen unterbringen konnten, haben wir sie van het Dorpe mit dem Penthaus zusammen verkauft. Er hat zwar den Preis kräftig gedrückt und obendrein die Abstellplätze und die immer noch im Wald bestehende Baubaracke verlangt, dennoch haben wir die Übernahme im Januar 2006 mangels eines besseren Angebotes mit leichtem Zähneknirschen beurkundet. Der Erlös und die immer noch eingehenden monatlichen Zahlungen bilden heute einen wertvollen Anteil unseres Lebensunterhalts. Wir sind froh, damit einen soliden Abschluss gefunden zu haben.

Von der Pleite der KIP und den aus ihr folgenden Zwangsversteigerungen war natürlich auch das bis dahin gut laufende Land- und Golfhotel betroffen. Kurz vor dem angesetzten Zwangsversteigerungstermin erwarb es jedoch Manfred Meyer, Inhaber des gleichnamigen Reiseunternehmens – ein Glücksfall. Denn Meyer hatte nicht nur das notwendige Kapital, sondern auch das richtige Händchen, um das Hotel zu erhalten und ihm weitere Entwicklungen zu ermöglichen. Er erweiterte das Hotel so auf der einen Seite um weitere Zimmer, auf der anderen Seite um neue Tagungsräume, einen Wellnessbereich und ein Schwimmbad und erhöhte damit seine Rentabilität weiter.

Heute ist das Golfhotel das Flaggschiff des Schieferdorfs, und wenn ich das Schieferdorf besuche, bin ich jedes Mal stolz darauf, dass wir es erbaut haben. Inzwischen arbeitet es eng mit dem ehemaligen Residenzhotel zusammen. Letzteres beherbergt den Golfladen und bietet Meyers Golfaspiranten die notwendigen Anfängerkurse.

Im Bereich des Freizeitzentrums waren schließlich auch Reitanlagen geplant gewesen. Schon in guten Zeiten gehören diese zu den schwierigsten Investitionen und sind nur dann funktions- und lebensfähig, wenn sie als Familienprojekt oder im Bereich des Leistungssports mit entsprechend hohem Finanzbedarf geführt werden. Auch im Schieferdorf sind mehrere Anläufe daran gescheitert, dass die Betreiber falsche Vorstellungen von der Wirtschaftlichkeit der Reiterei und ihren Kosten hatten und sich dadurch zu stark verschuldet hatten. So ist zuletzt auch ein Betreiber gescheitert, der die Reiterei auf Turnierpferde ausrichten wollte und dafür viel – auch Mittel aus öffentlicher Hand – investiert hatte. Ihm erging es leider wie vielen vor ihm. Zwar war er als Reiter den Tieren sehr zugetan und konnte wie kaum ein Zweiter mit ihnen umgehen, doch mangelte es ihm auf der anderen Seite an unternehmerischem Denken und Handeln. So hat er mit Hilfe einer Unternehmerin an vielen Stellen angefangen, Verbesserungen vorzunehmen und auch einige Fortschritte erzielt, jedoch seine Prioritäten falsch gesetzt, sodass das Gebäude bereits anfing zu zerfallen. Zu guter Letzt geriet er trotz seines Fleißes in die Zahlungsunfähigkeit und sah keinen anderen Ausweg mehr, als sich das Leben zu nehmen.

Da wie auch im Gesamtprojekt die Erben ihr Erbe wegen der darauf lastenden Schulden ausschlugen, kamen wiederum ein Nachlass- sowie ein Insolvenzverwalter zum Zuge. Letzterer verwaltete das ihm anvertraute Gut jedoch so schlecht, dass das Gebäude der Reiterei total verfiel. Noch die eingebauten Werte wie Türen und Fenster wurden ausgebaut und verkauft, anderes einfach herausgebrochen und gestohlen. So war die Reiterei nur noch eine Rune, als eine Chirurgin die Reiterei durch Tilgung der von der Bank deutlich heruntergesetzten Zahlungsforderungen übernahm. Sie kaufte vom Insolvenzverwalter und uns alles, was sie brauchte: Eigentum, Erbbaurecht, Weiden und den Rest der Anlagen. Allerdings zahlte sie dafür so wenig, dass man den Verkauf nur verantworten konnte, wenn man im Hinterkopf behielt, dass dies der einzige Weg war, damit schließlich doch eine funktionierende Reiterei entstehen würde. Zum Glück hat sich mein Vertrauen in die junge Chirurgin ausgezahlt, denn tatsächlich arbeitet die Reiterei auch heute gut und wirtschaftlich und hat sich im Laufe der Jahre zu einem zweiten Flaggschiff neben dem Hotel entwickelt. Es ärgert mich allerdings furchtbar, dass die Gemeinde die junge Chirurgin erst ignoriert, dann auch noch eine Minderung der auf dem Gelände lastenden Steuerschuld des Vorinvestors abgelehnt hat, anstatt sich über diese funktionierende Investition in ihrem Sprengel zu freuen und diese zu fördern.

Das Schieferdorf bzw. die von uns angefangenen Ferienhäuser konnten so zwar lange nicht fertig gestellt werden, doch gelang dies, wie gezeigt, später in der Qualität, die auch das übrige Schieferdorf auszeichnet. Insgesamt ist das Schieferdorf in der Verbandsgemeinde Hohenwinkel heute sicherlich das schönste. Man sieht ihm nicht an, welch große Probleme und Betrügereien mit ihm in der Vergangenheit verbunden waren. Es ist wunderschön, im Wald gelegen und enthält einen herrlichen und aufwändig gestalteten Golfplatz mit Weitblick in Richtung Süden. Insgesamt hat es sich so gut entwickelt, dass die Gemeinde sich heute über etwa 500 000 Euro jährliche Steuereinnahmen freuen kann – für ein Areal, das ihnen früher als Wald nur Kosten eingebracht hat.

18. Mein Leben heute - Schlusswort

Natürlich habe ich mir immer überlegt und mich oft gefragt, wann ich den entscheidenden Fehler begangen habe. Warum bin ich in diese Situation hereingeraten? Warum habe ich mehr als zehn Jahre gebraucht, um meine Memoiren niederzuschreiben und für alle klar darzustellen, dass die Fehlentscheidungen und Betrügereien einiger meiner früheren Mitarbeiter und Geschäftspartner für das Scheitern des Projekts in wesentlichen Teilen verantwortlich waren?

Ich habe versucht, die Gründe aus meiner Sicht in ehrlichem Empfinden darzustellen. Wie beschrieben, war es meine Idee und mein Ziel, das Schieferdorf mit einem Freizeitpark nach niederländischem Vorbild auszustatten und dann mit einem hervorragenden Abschluss meine Arbeit und meine Unternehmertätigkeit zu beenden. Vielleicht war ich hier zu ehrgeizig. Denn es gab bei der Vertragsabwicklung zur Übernahme der in Schwierigkeiten geratenen KIP eine Frist, in der ich von den Vereinbarungen hätte zurücktreten können. Trotz der Ermahnungen meines Anwalts, darüber nachzudenken, ob ich die Rücktrittsfrist nicht doch nutzen wolle, blieb ich bei meinem Entschluss. Das war auf jeden Fall ein Fehler. Hätte ich die Frist wahrgenommen, wäre mein Konzept letztlich wahrscheinlich trotzdem nicht gestorben, sondern es hätte vielleicht unter neuen, besseren Bedingungen verhandelt und neue Verträge abgeschlossen werden können. Heute, mit dem Abstand vieler Jahre, weiß ich, dass ich hier einen großen Fehler gemacht habe. Damals aber trieben mich mein Ehrgeiz und der Wille, mein Lebensprojekt auf jeden Fall mit Erfolg abschließen zu können.

Schon zuvor waren auf Seiten der KIP viele Fehlentscheidungen getroffen worden. Zu den Bedingungen, die hätten erfüllt werden müssen, um das Schieferdorf doch noch in einen rentablen Freizeitpark umzuwandeln, gehört zunächst, dass es notwendig gewesen wäre, eine detailgetreue Kopie des niederländischen Konzepts durchzuführen. Singer und Stadler haben jedoch die Wichtigkeit des zentralen Magneten Erlebnisbad falsch eingeschätzt und die Zahl der Ferieneinheiten und Betten gegen mein Konzept reduziert. Falsch war auch, dass sie die Häuser über Steuermodelle verkauften und die wichtigsten Informationen zurückhielten. Dass sie sich zudem ständig vom Eigenkapital von Anneliese Mertens bedienten, um die von ihnen gegebenen Mietgarantien zahlen zu können, war nicht nur ein wirtschaftlicher Fehler, sondern auch kriminell. Zudem schwächte es die Chance, das Erlebnisbad noch bauen zu können. Diese wurde dadurch, dass Mertens den Betrag von 10 Mio. Mark in ein anderes Projekt investierte, schließlich endgültig vergeben.

Von Boltes über Koch, von Mertens bis zu mir ist uns Betrogenen eines gleich: Wir haben unseren untreuen Geschäftsführern zu viel Vertrauen geschenkt und es ihnen bei ihren Betrügereien zu leicht gemacht. Nie wurden jedoch die Betrüger bestraft, sondern letztlich immer wir Betrogenen durch die uns von ihnen zugefügten Verluste. Wahrscheinlich gehört wesentlich mehr dazu, den Umfang des Betruges und die Bereicherungen uneingeschränkt aufzudecken, als Singer und Stadler selbst an krimineller Energie aufbringen mussten.

Ihnen fehlte es bei Weitem nicht nur am unternehmerischen Verstand und den Fähigkeiten, ein Unternehmen wirtschaftlich zum Erfolg zu bringen, sondern sie haben ihre Stellung als Geschäftsführer meiner Meinung nach bewusst genutzt, um Kapitalgeber wie Anneliese Mertens auszubeuten und hinters Licht zu führen, statt – wie es ihre Aufgabe gewesen wäre – dem Ziel und Zweck des Unternehmens zu dienen. Auch damit haben sie die Planung und Finanzierung des Freizeitzentrums verzögert, was letztlich zu seinem Scheitern geführt und viele Partnerunternehmen um ihre Arbeit und das ihnen zustehende Geld gebracht hat.

Natürlich hatte ich bei Übernahme der KIP eine Vorstellung und ein Konzept, wie ich die Fehler, die bis dahin begangen worden waren, wenigstens teilweise korrigieren und damit der Wirtschaftlichkeit des Parks eine neue Grundlage verschaffen könnte. Dabei war das Wichtigste, die Mietgarantien zu streichen und über eine prozentuale Beteiligung am Gewinn des ganzen Projekts eine andere Form von Mieten auszuschütten. Das wäre der Eigenkapitalverzinsung gleichgekommen, die die Hausbesitzer bekommen hätten, wenn die Häuser nicht nur mit Fremd-, sondern mit mehr Eigenmitteln gebaut worden wären. Meine Rettungsversuche mussten jedoch, wie beschrieben, letztlich an den mir bei Übernahme nicht bekannten Altlasten der KIP, der Kündigung der Kredite durch die Banken und daran scheitern, dass es uns nicht gelang, einen neuen Großinvestor zu finden.

Menschlich enttäuscht bin ich vor allem von meinem langjährigen Partner Günther Bechtholdt. Denn als Miriam und Martin versuchten, das dringend benötigte Kapital für unsere KIP-Auffanggesellschaft zu beschaffen, wandten sie sich in ihrer Not auch an ihn. Bechtholdt hat das allerdings schamlos ausgenutzt, indem er meine Kinder zu für ihn günstigen Verträgen gezwungen hat. Zwar konnte ich ihm später einen Vertrag wieder abhandeln – nur dass wir so lange zusammengearbeitet hatten, hatte ihn dazu bewegt –, an einem zweiten Vertrag, der vor allem die Reithalle und die Reiterei betraf, hielt er jedoch fest. Auch wusste Bechtholdt, dass meine Frau und ich durch die Insolvenz unserer KG auch unsere Erbbaurechte und damit unsere Alterssicherung verloren hatten. Er hätte uns sehr geholfen, wenn er die Erbbaurechte erworben und uns jeden Monat einen gewissen Betrag daraus an uns überwiesen hätte. Bechtholdt jedoch hat nie auf meine Vorschläge reagiert. Erst kürzlich habe ich dann von dritter Seite erfahren, dass Bechtholdt die Grundstücke für eine sehr günstige Summe (mindestens 30 % unter Wert) erworben hat. Natürlich ist daran juristisch nichts auszusetzen. Gleichwohl vermissen meine Frau und ich eine Spur von Dankbarkeit für

das, was Bechtholdt uns über lange Jahre zu verdanken hat.

Trotz aller Probleme und des wiederholten Scheiterns ist das Schieferdorf heute fertig und hat sich
zu einem wunderschönen Ortsteil von Hohenwinkel entwickelt. Das sagen alle. Jeder, der es besucht
und darin wohnt, ist dieser Überzeugung – so auch
wir. Ich bin stolz auf mein Schieferdorf und auf das,
was ich bewirkt habe.

Ihm habe ich mehr als 30 Jahre meines unternehmerischen Schaffens und meiner Kraft gewidmet und
währenddessen gelobt, zum Dank an die Mutter
Gottes eine Kapelle zu errichten. Diese konnte im
September 2003 endlich fertig gestellt und eingeseg-
net werden. Zu meiner großen Freude ist sie seither
von der Hohenwinkeler Bevölkerung angenommen
und für viele zu einem Ort der Andacht geworden.

Als ich mich auf meine Rede zur Einweihung vor-
bereitete, habe ich diese mindestens sechs oder sieben Mal geändert. Denn ursprünglich hatte ich geplant, zu dieser Gelegenheit, einem meiner wohl
letzten öffentlichen Auftritte, mit der Gemeinde
Hohenwinkel abzurechnen und zu beschreiben, wo
sie mir in den letzten 33 Jahren geschadet, hohe
unnötige Investitionen verlangt und Entscheidungen verzögert hatte. So hätte auch die Gemeinde
von einem Fremdenverkehrsprojekt in der geplanten Größenordnung profitieren können, wenn sie
mit uns zusammengearbeitet und bei uns investiert
hätte, statt eigene Projekte wie das beheizbare Hö-
henfreibad gegen alle unternehmerische Vernunft zu
favorisieren. In meiner Rede habe ich all dies je-

doch ausgespart und meinen Groll gegen die Fehlentscheidungen der Hohenwinkeler zurückgestellt. Denn zum einen bin ich mir sicher, dass nur wenige meine Kritik hätten nachvollziehen könne, zum anderen wollte ich die Gemeinde nicht im Unfrieden verlassen.

Am Tag der Einweihung wurde mir zudem zum ersten Mal bewusst, wie viel Kraft mein unternehmerisches und persönliches Engagement in Hohenwinkel mich auch jenseits meiner anderen Verluste gekostet hatte. Es hat einer gewaltigen Kraftanstrengung und Konzentration bedurft, mich bei meiner Rede aufrecht zu halten und die Rede nicht vor ihrem Ende abbrechen zu müssen. Ich konnte kaum mehr stehen und zitterte so vor Schwäche, dass mich meine Frau und meine Tochter leicht stützen mussten.

Damit befindet sich heute alles im besten Zustand. Die eigentlich Leidtragenden sind nur wir geblieben – wir haben das Projekt wirtschaftlich nicht überlebt. So bin ich persönlich am Ende. Ich habe meine letzten Reserven im Glauben an den Erfolg verspielt und muss nun sehen, wie ich mit dem Wenigen zurechtkomme, das uns geblieben ist. Denn im Versuch, das Schieferdorf doch noch zu retten, haben wir unserer Hausbank unsere vorhandenen Sicherheiten bis unter die Dachpfannen verpfändet. Dazu gehörten auch die Renteneinnahmen meiner Frau und die Erbbaurechte, die eine große Anzahl von Grundstücken und Häusern betraf. Eine andere Rentenvorsorge hatten wir jedoch nicht getroffen. Nur die Erlöse aus dem Verkauf unseres Penthauses halten uns, wie zuvor beschrieben, heute über Wasser.

Das unternehmerische Empfinden und Denken verliert man jedoch nie, auch nicht mit 80 Jahren. Und so hoffe ich immer noch, dass es mir mit einem neuen Konzept und mit Unterstützung der öffentlichen Hand und ausländischer Investoren gelingt, eine Abrundung des Schieferdorfs in den Bereichen „Ost" und „Kern" zu erreichen.